人類圖範例

類型	人生角色	定義
投射者	4/6	一分人
內在權威	**策略**	**非自己主題**
情緒中心	等待被邀請	苦澀
輪迴交叉		
Right Angle Cross of Tension (38/39 | 48/21)		

Design		Personality	
☉	48.6	▲ 38.4	☉
⊕	21.6	▲ 39.4	⊕
☽	26.1	55.5	☽
☊	42.1	51.2	☊
☋	32.1	57.2	☋
☿ ✷	28.5	58.5	☿
♀ ▼	43.1	14.3	♀
♂	60.4	36.5	♂
♃	63.4	▼ 22.2	♃
♄	9.1	5.5	♄
♅	26.3	11.2	♅
♆	10.6	58.3	♆
♇ ✷	28.5	44.3	♇

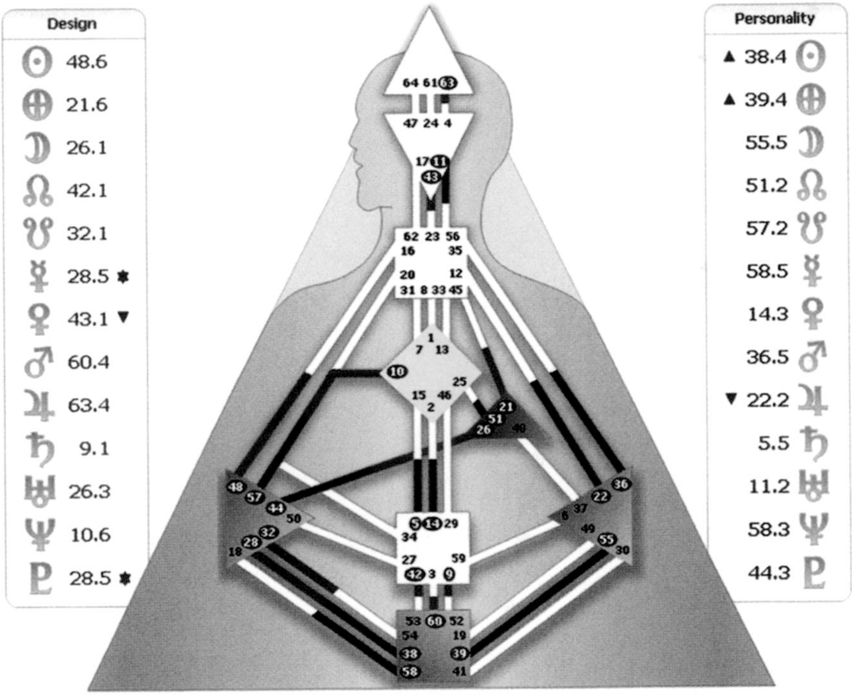

人類圖基本概念

A. **如何取得你的人類圖**：請上人類圖官網http://humandesignasia.org/輸入你的西元國曆出生年、月、日與出生地點。如此一來，就會出現你的人類圖（如左圖範例），同時也會有文字說明，明確標示出屬於你的類型、內在權威、策略、人生角色、輪迴交叉等相關資訊。請對照本拉頁說明與相對應的章節，便能輕鬆讀懂你的人類圖。

B. **人類圖的組成**：人類圖由九大能量中心、六十四個閘門與三十六條通道組成。

能量中心：左圖中的三角形、正方形、菱形等九個區塊即是能量中心，這源自於印度的脈輪，有顏色的能量中心，代表有固定的運作模式。而空白的能量中心，則是每個人開放接受外界影響的區域，同時也是累積人生智慧之所在。（詳情請閱讀本書第四章。）

閘門：圖中出現的數字，我們稱之爲閘門，總共有六十四個閘門，與中國易經的六十四卦相呼應，每個閘門都各自代表著不同的特質。（詳情請閱讀第五章）

紅黑：中間圖型左右兩側各有欄位，右邊黑色字體是Personality（個性），這部分所標示的數字（閘門）代表你在意識層次，清楚有所察覺的特質，而左邊紅色字體是Design（設計），則是你在潛意識層次，可能還沒有察覺到的自己。（詳情請閱讀本書第五章。）

通道：連結能量中心之間的長條，我們稱之爲通道，當一條通道兩端的閘門數字同時被圈起來，代表著這條通道呈現接通的狀態。人類圖體系共有三十六條通道，通道是每個人與生俱來的天賦才華。（詳情請閱讀本書第六章，以及本事文化《活出你的天賦才華》這本書，Joyce 著。）

如何看懂你的人類圖

類型：人類圖體系中，將所有人分成四大類：顯示者、生產者（純種生產者與顯示生產者）、投射者、反映者。類型決定你做決定的方式，也就是你的人生策略。詳情請閱讀本書第二章。

策略：不同類型的人做決定的方式不同。顯示者需要告知，生產者是等待，回應。投射者則要等待被邀請。反映者需等待二十八天，清明的答案才會浮現。詳情請閱讀本書第二章。

非自己主題：不管是什麼類型的人，當沒有依循自己的人生策略運作時，就會出現不同症狀。顯示者會憤怒，生產者感覺挫敗，投射者苦澀，反映者失望。詳情請閱讀本書第二章。

內在權威：你要做決定，問問住在你心裡的權威人士就對了。最主要的內在權威有情緒中心、薦骨中心、直覺中心等。詳情請閱讀本書第一章與第八章。

輪迴交叉：每一個人此生的使命。這並非命定或注定，而是當你活出自己，此趟生命旅程自然會經歷的體驗，與所要完成的目的。詳情請閱讀本書第三章。

人生角色：一個人與外在建立連結的方式。詳情請閱讀本書第十三章。

去制約：每個人日積月累接受來自父母與社會的影響，最後容易變成別人想要你成爲的樣子，這就是制約。若能開始清晰觀照自己，事情就會開始轉變，這段過程分成七階段。詳情請閱讀本書第十五章。

與全球第一位中文人類圖分析師
踏上去制約之旅

回到你的
內在權威

Joyce Huang 著

目錄

〈推薦序一〉

再次與自己相遇

知名音樂人 萬芳

第一次見到Joyce，就覺得她是個溫暖靠近的人。偶爾閱讀她持續書寫的人類圖——今日氣象報告，會感受到文字背後飽滿的愛。

閱讀完這本書《回到你的內在權威》，我幾度跟著她落淚。當她說出「貢獻」、當她來到出現在夢中的那間教室、當她和指導老師見面擁抱、當她四十一歲生日來到好牧人教堂……我彷彿跟著Joyce一起進入與宇宙連結的純淨美好。那淚水來自最原始的觸動。

有一種人總是在追尋的路上，跌跌撞撞，她的脆弱就是她的強壯，以同理心去理解並擁抱世界。這位熱情溫暖的女生，這次透過她自己，以理性與感性兼具的分享，關於人類圖在她生命中進行的改變。藉由人類圖，重新解讀、重新認識自己進而與生命原始的呼喚重逢。我覺得好美。

我有一位中醫師在看診的聊天中，說了一句讓我印象深刻的話。他說「人不就是來改的嗎？」喔！人生來就是來改的。但怎麼改啊？我們求神問卜算命什麼的，常常都只是想要一個答案。都希望別人給我們答案，最好直接告訴我們怎麼走、怎麼選。我們總是選擇容易的、方便的，最好可以不負責任的！然後好像安全感似的重蹈覆轍。要改！真的比較累比較難！透過 Joyce 的解說，重新了解屬於自己的人生使用說明書。我喜歡 Joyce 用「設計」的說法來說明每個人的獨特。她會說「關於你的設計」，「來看看你的設計」，「你的設計是……」，我喜歡她說「簡單來說，如果這輩子的天命是要當一台烘乾機，就不用再苦苦勉強自己要成為電視機才行，那人生該會輕鬆愉快許多吧。」

於是，改變，其實是認識自己、接受自己，然後發揮自己的過程。相互尊重每個生命的獨特。無形中，重新建立和世界的連結。那些制約和傳統的包袱也在過程中重新釐清。這樣還滿輕快的！同時，這樣的改變，回到自己的內在權威，也喚醒我們此生的意義。

面對生命與死亡，我有時在想人們總忘了當初自己為什麼來。於是，透過理解自己生命的獨特性，我們會更靠近生命的本質與意義。謝謝 Joyce 的邀請，我有幸先閱讀此書，透過 Joyce 很生活的文筆，再次與自己相遇。許多生命若能因此理解而延伸更多的尊重與愛，這世界必然會有更多的微笑。

〈推薦序二〉

人類圖的自我探險之旅

HIM華研國際音樂總監　朱貫綸

多年前一個被大雨困在大安路口的夜晚。

緊貼在小小的一樓大門口罰站了半個小時，雨奇蹟似的停了。夜晚十點半，大雨消失的台北，路上一堆像我一樣狼狽、要攔計程車的人。沒想到雨稍停這樣的好運氣只維持了十分鐘，傾盆大雨又像演唱會的機關槍一樣準時轟炸，笨手笨腳的我連一輛車都沒攔到。在全身快要濕透的那一剎那，我跳進一家二樓的咖啡館避難。

整間咖啡館，人滿到只能坐在吧台。一坐下便發現，右邊居然是兩位好久不見的朋友。彼此並沒有因為許久不見而閒話家常，簡單寒暄後，她們自顧熱烈的討論「某種」諮商過程。因為距離實在太近，也可能彼此實在算熟，她們並不在意討論的過程被我聽見。自詡對各種諮商都略有涉獵，本來想安靜的聽聽就好，沒想到愈聽愈覺得奇怪，她們在談論的「人類圖」，我怎麼聽都沒聽過呢？最後我忍不住開口問，人類圖的諮商要找誰呢？

這時朋友才說，你終於問了有關人類圖的第三個問題，一看到你的時候，就很想跟你說有關人類圖的事，覺得你一定會有興趣試看看，但諮商師說我的人類圖類型，一定要對方主動邀請我三次，我才能說出內心想說的話，這樣我說的話才會被珍惜。

沒錯，我的朋友就是人類圖中，需要被三顧茅廬，再三邀請的投射者。當她詳細的告訴我她的人類圖時，我也踏上了我的人類圖旅程，從第一次的解讀開始，到後面陸陸續續的相關課程。

每個人與人類圖的相遇都有種不可說的浪漫，有的是看到人類圖氣象報告之後內心觸電似的開始，有的是朋友間的口碑相傳，有的則是像我這種莫名的巧遇。學習人類圖之後才發現，這真不是一門容易的學科，但是上過 Joyce 課程的人一定知道，她就是有辦法用非常幽默且生活化的例子讓大家快速領會。整整三天的課程，經常就在停不下來的笑聲中結束了。其實在這些愉快學習的背後，我們很難想像這些教材與心得，是 Joyce 連續三年，每天半夜起來與國外連線上課（這段時間裡，她還生了一個女兒及一對雙胞胎兒子），考取證照，以及消化整理成平易近人的方式進入到你我的生命中（相信我，那些課本跟大學原文書一樣令人敬畏）。這樣的過程至今十多年了，我想她還會持續下去。

Joyce 對於人類圖的熱愛不只在於她的自我學習，還在於她對於人類圖的推廣。做為她的朋友，我可以跟大家爆料的是，我們私下的聊天，真的有大半時間是在於她對人類圖的遠景，與推廣過程中的挫折。對，即使她在我心中如此勇猛強大，遇到一切阻礙都直接正面撞飛，連德國人類圖老師都讚歎她即使遇到人人聞之色變的冥王星，也會說：「冥王星你哪位？」毫不在乎地堅持走自己的路！即使是這樣的 Joyce，在以推廣人類圖為己任的過程中，還是會有無數的挫折。但是我始終看到，她在情緒抒發後，奇蹟似的又將之轉化為更深的動力往前，我想如果不是對人類圖有著極深的情感與熱愛，深信人類圖能幫助每個人更深刻了解自己，根本無法有這種近乎奉獻的精神，一肩扛下亞洲人類圖學院推廣的重擔。

在《回到你的內在權威》這本書中，眼尖的你應該可以看出 Joyce 的一貫精神，將知識融入在生活中。她真的將人類圖最核心的基本知識，巧妙地寫進了她自己學習人類圖的甘苦歷程。

在情感面，不僅可體會到 Joyce 在人類圖一路走來的艱辛與熱情。在知識面上，這更是一本了解人類圖的最佳入門書。了解自己，應該是每個人來到地球一輩子的功課。感謝

Ra，將人類圖帶到人間，讓我們多了一種非常實用的自我了解法門；謝謝 Joyce，發心將這一門發展了三十多年的重要知識，有系統地帶到亞洲華人社會。相信人類圖的自我探險之旅，在你打開這本書的第一頁，已經螺旋形式的往時間之上，意識之內，開始進行。

〈新版序〉

在我眼中的你是誰，以及這個世界

Joyce

二〇一四年《回到你的內在權威》出版了，一轉眼五年過去了，出版社通知我要改版，請我為這本書再寫一篇序，過去五年這段時間似乎看來不長，卻是一段豐富刺激的旅程，身為生產者，來自薦骨的回應所帶來的能量，支持我一路向前，過去這五年，我花了好多好多時間在工作，常常忘記停下來，回頭看看已經走了多遠。

後來發生了什麼事？後來怎麼了呢？

《回到你的內在權威》之後，我又陸續完成了許多本人類圖相關書籍——《人類圖：區分的科學》（翻譯）、《圖解人類圖》、《活出你的天賦才華》、《人類圖去制約之旅：一個人的革命》、《愛自己，別無選擇》、《愛的祕密》等書。從二〇一七年至今，亞洲人類圖學院也開始陸續培養出一群又一群的第一階講師、人類圖教練、人類圖夥伴時段帶領人，與更多人推廣並分享人類圖，同時，認證分析師的核心七階課程，也將於二〇二〇年全部完成。

亞洲人類圖學院也與全球人類圖社群緊密接軌，邀請了美國第一代人類圖總監，瑪麗安．溫妮格老師、IHDS國際人類圖學校校長琳達．布乃爾老師，奧地利資深人類圖元老安節雅老師、日本人類圖總監上田紘資老師前後來台，展開各種人類圖相關主題工作坊。

過去這段時間做了這麼多工作，我常常驚訝於自己在頭腦與身體層面的差距。有時候，頭腦認為不可能，或者應該很困難，但若是薦骨有回應，身體開始起而力行，付諸行動，那條原本在頭腦理智層面以為難以跨越的鴻溝，信任自己，縱身一躍之後，反倒是輕盈飛過了。

我自己也一再驚訝於，體內源源不絕的動力，不可能不累，但是累了就睡，睡醒又可以生龍活虎，再奮戰一回，不間斷地奮戰，不斷重新體驗自己是誰，是怯弱是勇敢，是掙扎是困頓，是喜悅是悲傷，是挫折是滿足……，我是誰，我也不是誰，那活著的意義，一直追尋的夢想，在黯淡與閃亮之間，以自己的節奏與風光，燃燒著，燦爛著，至死方休。

人類圖強調的是愛自己，回到內在權威與策略，做正確的決定，一切回歸自己。這門知識體系很有趣，也很奧妙，不是空談，也不僅限於概念，每個人都可以親自實際去體驗，落實在每一天的生活中，獲得自己獨到的體會。

到今年，我研究人類圖已經快滿十五年了，沉浸在龐大的知識體系中，教學相長，由簡入繁，再努力化繁為簡。其實最深的道理，往往也最簡單。人類圖是以「每個人如何做決定」為主軸，向外延伸出各種轉換觀點的可能性，身體是動力，頭腦思考的是觀點，要如何轉換觀點，才能讓身體與頭腦不再對峙抗拒，轉而成為相互理解，彼此輔助，這是值得探討，也值得努力的方向。

比如說，以人類圖中看似最簡單的紅黑概念，每個人皆有兩種面向：自己有意識的部分，這是你所認知的自己，以及自己在潛意識層面的各種信念與想法，這會在行為層面展現出來，成為別人眼中的你。

我眼中的你，是你所展現出來的行為，而我所認知的自己，來自於我對自己既定的認知，若是我選擇不說，你很難看得清。換句話說，兩個人在一起，我不懂你所認知到的自己，我不明白在你的眼中我是誰，而你也很難看見，在我眼中的那個你，那最直接卻可能是你最無意識到的那一面。

若以紅黑的角度來看，人與人之間的疏離與遙遠，其實很合理，也很自然。你不明白我為何愛你，或恨你，而我和你，各自站在對岸，我看見你了，但是對於你如何看待自己卻渾然不知。你不說，我不懂，你就算說了，我也不一定能完全明白，而這世界上絕大部分的人，就如此各自佇立遙望，高唱對方不懂我的心。

如果看懂了每張圖的紅黑，那麼我們就能從了解自己的角度，開始往前推進。

人生是一段旅程，了解自己是很好的起始點，但同時，我們生活在社會集體網絡之中，人際網絡繁雜交錯，向外四方擴展，因此了解自己很必要，懂得別人是必須，你得明白如何區分，清楚自己如何影響他人，又如何被他人影響，當你能了解，我們在彼此眼中，是一個什麼樣的人，那就是下個階段，在心智層面的提升與理解，這將改變原有的思考脈絡，宛如從點到線，從平面到立體，而我認為，這才是人類圖真正的貢獻，如此一來才完整，並完全。

這就是在兩個七年的循環之後，接下來亞洲人類圖學院計畫發展的新方向：引發每個獨立的個體看見自己的獨特性，欣賞自己，愛自己，下一步則是如何在關係中，覺醒與蛻變。

現在回頭再看，當初一開始遇見人類圖，渴望推廣人類圖的初衷，那個想貢獻、想為下一代建造一個更好世界的我，並沒有改變，但現在的我，也不再是當初的那個我了。世間所發生的每件事，所遇見的每個人，不管是感到留戀不願放手，或是感到受傷而狠心道別，都沒有絕對的好或不好，擁有過幸福的時刻，也無法避免破滅心碎的瞬間，快樂與滿足的體驗像禮物，讓人開懷，但是失望與傷心，也會像影子尾隨而來，不可避免。

天真與無知之間的界線，我開始懂了，人生要不要繼續懷抱希望下去，其實也不過是個人的選擇而已。在選擇之前，漸漸分辨出有些夢想是幻覺，有些非得堅持下去不可，有些則是亂我心者不可留，放下無謂煩憂，不留戀，是智慧。

若能從自己的觀點解放出來，看見在我眼中，你是誰，也明白在你眼中的我是誰，我們能不能在練習轉換觀點後，能湧現更多同理、體諒與寬恕呢？

我沒有答案，但是我很好奇。我很好奇，愈來愈多人投入研究人類圖之後，會引發出怎樣的火花，我很好奇，人類圖能為你開啟一扇什麼樣的門，我更好奇，接下來的你，會發現些什麼？我們到底能不能更了解彼此，而開始有不同的選項，讓這個世界變得更好，我很好奇，後來到底會怎樣呢？

這世界會變得更好嗎？

如果你能看見在我眼中，你是誰，那麼，你就會跟我一樣相信，答案是肯定的，因為我們會懂得如何交流、信任，還有愛。

〈前言〉

關於人類圖，關於我

人類圖？什麼是人類圖？

一開始，是社群網站繁複的連結網絡，莫名其妙不知道自你的朋友，又或是你的朋友的朋友那方，轉貼來一篇又一篇人類圖：今日氣象報告。

你忍不住被這一篇篇的文字所吸引了。所謂的人類圖氣象報告，似乎每天都有個主題，若說這是宣揚正面思考的文章，其實也不盡然，反倒比較像每一天，有一個遙遠的好朋友，心有靈犀跟你很靠近，透過文字，與你說話聊天，時喜時悲，語氣有時無比認真，有時又幽默俏皮，同時也巧妙呼應了你當天正在經歷的某些內心戲，好神奇。同時你注意到，每篇文章的下方，都會附上一張怪里怪氣像是人體剖面圖的東西，看起來有些複雜，根本不知道什麼意思，似懂非懂之間，每一天，你漸漸開始期待著今日氣象報告出現，這些文字帶來些許暖流，鼓舞了你，也影響了你……

你好奇上網Google了「人類圖」三個字，發現這些文字源自於Joyce Huang的「人類圖」部落格，也總會定期在「亞洲人類圖學院」臉書粉絲專頁上分享，你想自己應該找到足夠的線索，可以串起來了。應該是，有一個Joyce不斷地傳播著各式各樣與人類圖相關的訊息，你開始忍不住猜想著，她是誰？這到底是怎麼一回事？這張圖看起來真的好複雜，人類圖到底是什麼呀？有誰可以跟你說分明呀？

人類圖，似乎成了一個隱隱成形的地下風潮。

有愈來愈多人去做了「人類圖個人解讀」，大家似乎都覺得超乎想像又值得深思，你與周圍的朋友皆不約而同買了那本人類圖的書《活出你的天賦才華：人類圖通道開啓獨一無二的人生》一窩蜂似地，大家都印出了那張屬於自己的人類圖，據說這是每個人的人生使用說明書，不管懂或不懂，翻開書裡解釋的通道意思，讀完覺得很感動又很神奇。還有人選擇去上了人類圖的相關課程，上完課的這群人，在你的周圍或在網路上，異常熱烈又興奮地討論屬於自己與別人的人類圖設計，講來講去都是一些外星話，通道？類型？閘門？內在權威？人生策略？完全聽不懂，你忍不住想知道更多，人類圖究竟是什麼？是繼八字紫微星座命盤的另一種算命工具嗎？這張圖上有這麼多細節，到底是什麼意思呢？

我聽見了，所以，我寫了這本書。

我想以全球首位人類圖中文分析師的身分，盡可能以最容易懂的方式，帶領你暢遊一趟人類圖大觀園。我也想與大家分享，當初是怎樣的因緣際會，讓我不預期地推開了這扇奇妙知識的大門，從此一腳踏進這個神奇的世界。我想以自己親身經歷與你分享，告訴你學習人類圖的過程是如何影響了我，還有我周圍的人。但願，透過這本書的文字，能夠提供大家另一個更易懂更輕鬆的角度，了解人類圖到底是什麼？我們可以透過這門博大精深又浩瀚的學問，得知自己與生俱來的天賦與使命，還有此生必須穿越的生命課題。從了解自己開始，每一天都能練習去接納自己。唯有讓自己活得更完整，有能力愛自己，才能跳脫既有的限制與框架，得以同理別人，去理解並真心接納我們所處的世界。

❀

首先，人類圖是什麼？

簡單來說，每個人出生的那一刻，天上的星星運行到一個特定的位置，在占星上稱之為你的星座命盤。同樣的道理，在人類圖的領域裡，你出生的那一刻，諸多星星行至的相對位置，就構成你的人類圖。

從基因矩陣中可知，人類有著無限多排列組合的可能，足以造就每個個體的獨特性，人人皆是如此不同，這也真實反映在每個人的人類圖設計上。根據你的出生資料（西元出生年月日、出生時間與出生地點）所運算出來的這張圖，裡頭透露大量的訊息，與一般算命截然不同的是，人類圖不預測未來會發生的事件，這張圖蘊藏大量的資訊，其範疇宛如一張人生使用說明書。這套體系涵蓋了意識與潛意識的層次，讓每個人得以清楚看見完整的自己，同時精細到足以剖析每個人的本質、與生俱來的天賦才華、此生的天命、必須體悟的人生課題，以及最重要也最實際的是，你該如何根據自己的內在權威與策略來做決定，每一個正確的人生決定，就能導引我們走上實踐自己的道路，活出自己。

人類圖是一門區分的科學，也是一套全新的綜合體系，包含物理學和基因學等現代科學之外，同時也結合諸多古文明的奧祕：猶太卡巴拉（Kaballah）、印度脈輪（Chakras）、西洋占星學（Astrology）與中國易經。

這門龐大的知識系統於西元一九八七年，由 **Ra Uru Hu** 一人所創立，他是全世界人類圖體系的創始人，我常稱他是人類圖的祖師爺，他所成立的官方體系（Jovian Archive）在過去三十餘年來，於歐美三十餘國間蓬勃發展，十五年前日本正式設立人類圖官方分部，二〇一四年則由我們——亞洲人類圖學院——獨家承接屬於中文的版圖，正式成為台灣、香港與中國地區，人類圖官方體系分部。

❀

我們相信每一個人到這個世界上，都有其獨特的使命。人生這趟旅程宛如一連串的過關遊戲，遊戲規則是：為了達成使命，老天爺將賦予你足以應變與生存的武器，也就是你的諸多特質與才華，經歷人生這趟路，從中成長、茁壯與成熟，你得學會與自己相關的人生課題，累積智慧，同時全力以赴，完整展現自己。源於你的天命之所繫，你身處的環境，你所遇到的人，沒有意外，都會相互吸引、激盪到你的面前來。

我們活著，面對未知，常常感到慌張與不確定。於是挫敗，憤怒，遺憾與憎恨常伴隨著對自己的懷疑而苦苦糾纏，為此我們浪費大把青春摸索，走了許多冤枉路，最後儘管努力想將自己修正成眾人期待的模樣，內心卻不知怎麼的，總覺得很勉強，有種說不上來的無力感。如果能夠清楚知道，自己原來是一個什麼樣的人，要採用怎樣的人生策略才能順應天地間的韻律，好好過生活。簡單來說，如果這輩子的天命是要當一台烘乾機，就不用再苦苦勉強自己要成為電視機，那人生應該會輕鬆愉快許多吧。

❀

人類圖就是你的人生使用說明書。

你與別人不同，這世界上每個人都不同，原本如此，也本應如此。如同每部家電都會有屬於它的使用說明書。經由人類圖，你將知道自己（到底是烘乾機電視機還是根本是台洗衣機），投降於自己（該洗衣服就去洗衣服），最後接受自己（我真的很會洗衣服），愛自己（我是史上無敵厲害超級猛之全宇宙最讚洗衣機），就此不再對自己心生質疑，只需單純擁有那原本屬於你，獨一無二的人生。

❋

關於我，人類圖分析師。

常常有人問我，為什麼會學習人類圖，為什麼要成為人類圖分析師？

這得回溯到小時候，雖然從來沒人告訴我，我也不知道這想法從何而來，但是我從小總覺得，這輩子有件事情對我來說非常重要。那就是，解開每個人內心深處的密碼，我將是那傳遞訊息的人，而這訊息能讓禁錮受困的靈魂，可以再度飛翔。

這說來有點像小時候常玩的一種叫紅綠燈的遊戲，遊戲規則是，猜拳輸了要當鬼，其餘的要被鬼追。如果你跑得不夠快，在鬼追上你要捉住你之前，只需大聲說

「紅燈！」只要你開口說了紅燈，鬼就不能碰你，你就安全了，這是規則，只是講完紅燈之後的你只能待在原地，一動也不動，靜待另一個人來救你。你要等待著，那跑來跑去的一大群小朋友裡，會有一個真正的好朋友，願意冒著被鬼追的危險，跑到你面前碰你一下，同時大喊「綠燈！」你才能再度奔跑，重獲自由。

我非常愛這個遊戲，我超愛幫卡住的人大喊「綠燈！」我從小就覺得，這遊戲真實反映出此生我要做的事情。雖然這聽來非常不切實際，相當不合邏輯，我想我如果真的大聲講出來，一定會被我那超級實際派的老媽嗤之以鼻：「去賺錢啦，不要想這些虛無飄渺的東西，這樣會餓死。」顯而易見，那毫不留情，強力戳破幻想的大嗓門，就是我媽此生最獨特，並且自以為傲的天賦異稟。但是，我還是會不由自主被「傳遞訊息」相關的事物所吸引，這讓我大學選擇念行銷，工作選擇從事品牌行銷，作廣告（努力用心傳遞，你得換個洗髮精牌子的訊息……）漸漸地，我覺得這似乎不太對勁，內心總有股衝動，想跳脫這一切，渴望以不同以往的方式，去碰觸更多人的心靈。

❀

二十九歲那年，我開始去上自我成長課程，後來乾脆辭掉廣告公司的工作，去旅行，開始寫作，開始翻譯，開始即席口譯的工作。然後我結婚了，生了小孩，成為母親。決定成為全職媽媽，兼職寫專欄，繞著小孩團團轉雖然很幸福，也讓我忍不住疑惑著，難道就這樣了嗎？面臨生活中的壓力，總會感慨，活著看來那麼容易，為什麼我卻有種快被淹沒的感覺？大半日子匆匆流逝，我有時應付著，有時認真用力活著，卻也始終沒忘記，這個自童年時代就深藏於內心的祕密。

就這樣，日子一天天過去，直到我遇見人類圖，突然，有種靈光一閃的感動。

這不就是我長久以來，內心一直渴望要做的事情嗎？

解開每個人內心的密碼，傳遞「綠燈」的訊息。揭開每個人與生俱來的使命與天賦，讓你明白，今生要學習的重大課題是什麼，要鼓起勇氣穿越的又是什麼，每個人都有其獨特的人生策略，就像每部家電機器都有其使用說明書，你總要知道自己的人生使用說明書，才能懂得將自己的優點極大化，活出淋漓盡致，心滿意足的人生啊。

❀

十四年前，像是來自靈魂層次的召喚，我就如此頑固且執拗地，一頭栽進人類圖的浩瀚領域中，開始與國際人類圖學院（IHDS）連線上課，人類圖學海無涯，我像個小徒弟學挑水似的，從最粗淺的第一階開始學習，慢慢學習，逐漸體驗與驗證的過程裡，陸陸續續完成七階段課程，終於正式拿到人類圖分析師認證（Individual Rave Analysis），然後像誤入桃花源般樂而忘返，總是難以停止渴望探究的心，繼續前行，依序得到不同階段的人類圖講師認證，以及培育講師的老師認證，從此決定以推廣人類圖為使命。

我不是靈媒，無法預知你的未來，每個人皆有其自由意志，你的選擇會決定生命的方向。人類圖是你的人生使用說明書，讓你能以最適合自己的方式過生活。我愛人類圖，我覺得這是一個非常棒的方式，讓你更了解自己真實的生命面貌。

但願每個人都有機會找到自己，真正感受到生命自由，而這源自於我的童年夢想，我的天命之所繫。

❀

希望這本書，透過我的分享與書寫，能夠提供你對自己，對生命，對我們所屬的世界，出現前所未有的嶄新看法，最後我想在此引用祖師爺的一段話：

「在人類圖的世界裡，沒有人的生命是殘缺的。也沒有人註定一輩子行不通、也沒有人是壞的、糟的、爛的、又或是沉重不堪的。在人類圖的世界裡沒有教條，也沒有所謂的道德規範，你不會找到什麼好壞對錯，只要允許自己去發現，並且記得，每一個人都是如此獨一無二的存在，只要你活出自己眞實的模樣，很多事情其實並不重要，一切就是如此完美，只要你活出自己，你就會明白，完美對你而言是什麼，你會看見，自己的美。」

（Ra Uru Hu / Sedona, Arizona June 1997）

放下比較，沒有不足，沒有選擇，愛你自己。

然後看看，接下來會發生什麼事情呢？

歡迎你進入人類圖的神奇世界。

第一章 選擇

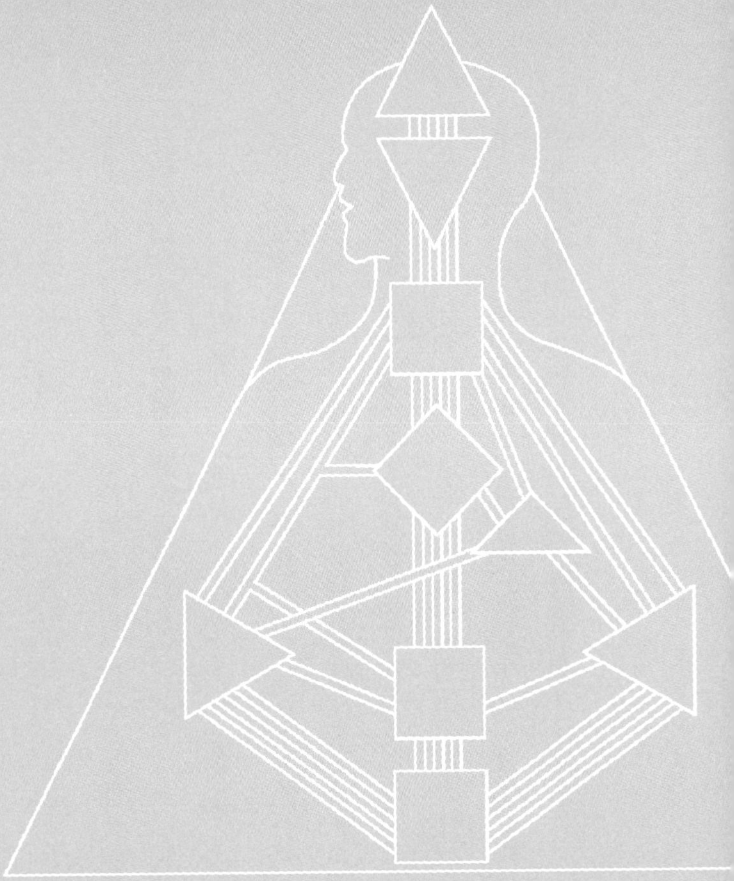

如果這真的是一個機會，可以告訴我答案，關於人生，關於我此生究竟所為何來？我真的好想知道，我這跌跌撞撞，迷惑的人生歷程，到底要完成的使命是什麼。

＊

我無法滿足於生命的意義，僅止於創造宇宙繼起之生命的說法。

從小到大，這一個問題不斷冒上來，困擾著我，我想知道每個人來到這個世界上，到底有沒有一個目的？我想知道答案，想知道這輩子究竟所為何來，如果有所謂的天命，那麼我的使命是什麼？如果可以，真想抽絲剝繭將自己一層層剝開，從外包裝到內容物，清清楚楚看個分明。

我的如意算盤是，若能從自己的天命——該完成的終點，循序而邏輯地往前推，必能省去那些浪費時間，讓生命白白虛度的無謂嘗試。若能充分了解自己，必能篩選出從小到大，應該在哪些領域好好下工夫，應該為何而戰，或許也能分辨出什麼樣的朋友可以交，甚至應該嫁給誰，在人生面臨關鍵性的交叉路口時，可以清楚知道自己該如何選擇，何時該冒險，何時該收斂，何時該不顧一切放手一搏。只要內在篤定，有足夠的智慧能認出正確的方向，做出正確的選擇，如此一來，這看似複雜難解的人生，不就可以立即變得省事多了嗎？

小時候的我一直認為，這世界這麼大，必定在某個地方有某個人有辦法能告訴我答案。而坊間的算命、催眠、回溯前世今生等等，雖然很有趣，但是我想知道的是更具象的東西。應該說，我渴望找到一個真實的答案，真實到足以與我的心相呼應，我想像著當我知道的那一刻，靈魂層次必定能與之共振，然後，我整個人都能心領神會地知道，是呀，這就是了，原來這就是我的天命。既然如此，我的存在真正有其意義，真是太有意義了。

幻想也好，異想也罷，日子一天天過，我長大，念書，完成學業，看似與眾人無異地開始求職，進入社會工作，戀愛結婚。這個「人活著，究竟所為何來？」的疑惑，卻一直存在我的心中，時而強大時而微弱。由於一直想不通，所以也就無法放下，既然無法放下，也只好帶著掛著，時不時拿出來想一想，渴望有一天會出現解答，不切實際也罷，還是宛如期待天啟般，並沒有放棄這樣的心念與想望。

應該是我內在默默熱烈的召喚，發散出強烈的能量，宇宙無形中有股神奇的力量，決定應允了我的渴望，以一種不預期的風格，巧妙地將人類圖帶進我的生命裡。

這故事，要從我遇見人類圖之前的那一年，開始說起。

❀

那一年，我們家的第一個小孩出生了。這個愛笑又白胖的寶寶實在太惹人疼，她的出現，讓我毅然決然選擇自職場退下，成為一個全職媽媽。這個重要的決定，讓過往總在職涯奔波忙碌的我，突然擁有一段非常珍貴的空白。當時的我，只想專心做一整年的全職媽媽，專心煮飯，專心打掃，專心看著親愛的女兒會坐了，會爬了，跌倒了，搖搖晃晃扶著茶几再站起來，小小腳丫子踏出第一步，再一步，小小人成長就像魔法一樣，轉眼瞬間，她已經會走會跳會跑了，她需要我，就像我需要她，我愛她。那一年，是我的孩子對這個世界探索的初始，也是我開始往內在走得更深入的重要過程。

這段專心當媽媽的時光，美好的時候很美好，苦悶的時候也不免心情低落，我太貪心，我愛我的孩子，也領受了當媽媽無與倫比的幸福，但是我也明白自己還不願意，從今往後甘於待在家中帶小孩，而失去那個原本獨立自主地，不是媽媽這個角色的自己。如果問我自己接下來想做什麼呢？下一步會是什麼呢？當然我這發達的大腦，可以合理地列出許多看似不錯的機會與切入點，這些選項表面看起來都很好，很正確，只是如果對自己誠實，卻沒有任何一項，足以讓我由內產生燃燒的熱情，是我真心想做的事情。

不清楚下一步，回職場是其中一個選擇，但是我卻隱隱約約覺得已經夠了。已經三十幾歲的我，想找到某件自己真心喜歡的事情，或許太過任性，但是我很清楚，自己不願意繼續妥協下去了。

既然不知道要做什麼，那就多方嘗試吧。我總是趁孩子熟睡，偷任何可能的空檔，盡量讓自己大量寫作。我有好多想說的話，化為文字，像是一回又一回內在的總整理，有些發表在部落格上，有些發表在雜誌的專欄裡，還有更多靜靜躺在電腦的檔案夾裡，一篇又一篇，都是我想對自己說的話。我寫下已經想通了，或尚且無解的糾結，寫著對自己的懷疑，也寫下鼓勵，勉勵自己要有信心。寫出當下對幸福的認知，也反覆辯證著自由的定義，思考著對我而言，真正重要的是什麼，不可捨棄的是什麼，不願意放下的，苦苦執著的，又是什麼呢？

現在回頭再看，繭居在家那一年，幸福與焦慮，同時存在著。內在的糾結宛如小劇場般輪番上演著，慌張，篤定，三心二意，感覺到有志難伸，放空的時候覺得自己不應該，想奮鬥又不知道該把力氣放在哪裡，無法確定想追求的是什麼，一邊喜歡當媽媽，一邊又覺得人生難道就這樣而已？無法放棄長久以來，所建構出來那一個獨立而不拖泥帶水的自己，一邊質疑一邊生活著，充滿困惑，焦躁不安。

當時的我並不知道，一年之後，人類圖將出現在我的生命中，接下來就要改變我的一生。至今我仍然認為，是冥冥中人類圖找到了我，而不是我找到了它，我只是等待著，然後回應。

❀

真實世界的魔法學校來函，並非由白色羽毛的貓頭鷹送來，就像是學生準備好了，老師自然會出現，如果你準備好了，這訊息將靜靜傳遞至你面前，等你辨認出來，等你心跳加速，等你恍然大悟，發現這一切原來如此，並不是意外。

在女兒快滿一歲的時候，我收到一封來自Deepak老師的訊息，Deepak老師是一位美國老先生，他是占星界的大師，由於朋友推薦，我們曾有過一面之緣。所以，當那天午後，我打開email帳戶，收到Deepak老師寄來的邀請函，本來以為，這應該是他接下來要開占星相關的課程表吧，沒想到一打開，郵件上頭立刻出現了一個人型模樣（後來才知道這是人類圖裡所說的人體圖 Rave Chart），上頭註明了很多數字（其實是六十四個數字，代表六十四個閘門，是來自易經的六十四卦），還有些方塊和三角形（這是九個能量中心，源自於印度的脈輪），加上一些管路接來接去（這些管路是通道，延伸自猶太教的卡巴拉，生命之樹）然後上頭解釋，這是源自西班牙的Human Design System，由 Ra Uru Hu 所創立的體系，而這將是有史以來第一回，Deepak 老師要開一個週末的工作坊，將這門玄妙的知識介紹給大家。

我無法解釋當時內心湧現的奇妙感覺。

不知道為什麼，這張看似怪異又複雜的圖表，完完全全吸引了我的注意力，我不自覺對著這封 email 發出輕微的嘆息聲（後來真正學習了人類圖才知道，這就是我的薦骨，對此訊息有著如此強烈的回應。）我仔細讀了課程的文案與相關訊息，完全搞不懂這究竟會是怎樣的一堂課。在這之前，我對於占星、紫微、卜卦、易經……等等玄妙的知識，從未產生任何研究的興趣，我喜歡學習，但是我需要知道緣由，如果這門學問無法討論，不能驗證，沒有邏輯，沒有辦法以「科學」的方式來說服我，我就無法相信，也不想繼續研究下去。

但是莫名其妙地，我就是無法忘記這張圖。一眼瞬間，竟然有這麼大的吸引力，就算關上 email 關上電腦，這張圖就是在腦海中縈繞不去。那時候，我的女兒剛滿一歲，我也已經當了全職媽媽一整年了，我好久沒有去做一件自己真正喜歡的事，只是學費並不便宜，除了錢以外，時間也是很大的顧慮，要花上一個週末，也就是兩個整天，小孩得找人託嬰，真是重重的顧慮。

「我要去！我想知道那是什麼！」我內心突然一閃而過，一個非常明確的訊息（後來學習了人類圖才知道，這就是我的直覺，我擁有準確可倚賴的直覺，可以在

人類圖範例

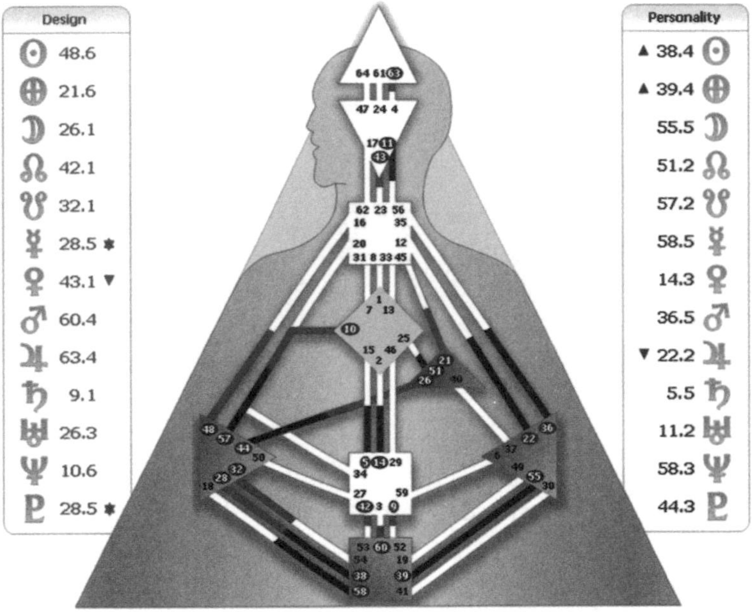
Design
48.6
21.6
26.1
42.1
32.1
28.5
43.1
60.4
63.4
9.1
26.3
10.6
28.5
Personality
38.4
39.4
55.5
51.2
57.2
58.5
14.3
36.5
22.2
5.5
11.2
58.3
44.3

關鍵的時候跑出來，我的直覺可以提醒我保護我，給我指引。）我想去學習，即使從來沒有人知道人類圖是什麼東西，不管多麼不合邏輯，我也搞不清楚上完課之後，究竟會怎麼樣，會對我的人生提供任何解答嗎？會讓我體悟到什麼智慧或大道理嗎？我會有辦法更了解自己嗎？我的腦袋不斷丟出問題，嘮叨不休，這並不是一個理性的決定。

但是，只要一閉上眼睛，這張看似複雜的圖型，像是一串根深柢固的魔咒，我不得不承認，單單就是那張圖，就讓我著迷。

會不會？這張圖可以告訴我，那些我自己也不知道的祕密？有沒有可能，我苦思不得其解的問題，會因為這張圖而帶來不同的啟發？如果這真的是一個機會，可以告訴我答案，關於人生，關於我此生究竟所為何來？我真的好想知道，我這跌跌撞撞，迷惑的人生歷程，到底要完成的使命是什麼。如果能夠知道人生的意義，我就能直線往前，快速前進，不必如此掙扎，如此困惑，宛如困獸轉著彎，團團轉著找不到出路，為此感到挫敗不已。

為什麼不去試試看？能損失什麼呢？如果最後發現人類圖是胡說八道的東西，那我浪費的是時間和金錢。但是，嚴格來說，這也不算浪費不是嗎？至少這過程可以讓我掀開謎底，換個角度安慰自己，錯誤不也是另一種方式，讓人知道此路原來不通，而這過程本身也是很好的學習，不是嗎？

毅然決然，就算天真，我還是搞定了所有該搞定的，託人照顧女兒，付了錢，空出時間，還慫恿老公一起報名。就在我自己也搞不清楚究竟怎麼一回事的狀況下，一腳踏進了人類圖的世界。

我們去上了 Deepak 老師的課，這是一堂介紹類型與策略，討論空白能量中心如何被外在環境影響，因而產生混亂，指引一個人如何活出自己設計的課程，Deepak 老師以充滿個人風格的方式來教授人類圖。但是，這對我內在迫切想知道更多的渴望並不夠。時間短暫，兩天的時間很快過去了，我們甚至連九個能量中心到最後都沒講完，我依舊對人類圖充滿疑問。

平心而論，初次接觸人類圖，對我而言最大的收穫，是我明白原來老公與女兒都是投射者，適用於他們的策略是等待被邀請，而我則是純種生產者的設計，我的策略是等待，回應。加上本人的內在權威是薦骨中心，我可以依循自己薦骨所發出的聲音，來區分並為自己做出正確的決定。

*

薦骨？薦骨的聲音？讓我在此先為大家簡略說明薦骨到底是什麼。

薦骨英文名稱是Sacral，約莫是尾椎骨的位置，在人類圖的體系裡，薦骨是一個動力十足的能量中心，簡單來說，如果你的薦骨部位是有顏色（標示的顏色是

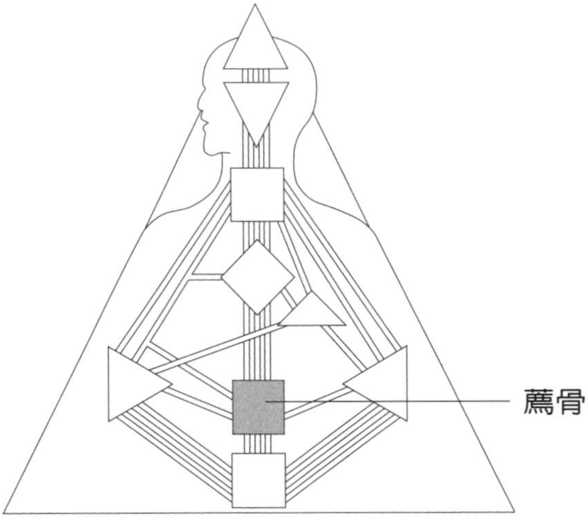

紅色）代表你的薦骨是被啟動的狀態，那麼你必定是屬於生產者的設計。所謂的生產者，是生來建造這個世界的人，占全部人口的七成。（沒錯！這世界上有七成的人就是要來工作的。）若是生產者正在從事自己喜歡的工作，就會充滿動力與滿足感。相反地，如果沒有做著自己喜歡的工作，就會感到沮喪與挫敗。

所謂「薦骨的聲音」是指生產者不時會發出一種嗯嗯啊啊，類似語助詞的聲音，一般人常常忽略它，這其實是生產者有所回應時，身體真實發出的聲音。這種回應的方式，與頭腦分析的是非對錯，或是社會價值道德規範皆無關，這是你在當下存於體內最誠實的心聲，溝通出來的是內在真實的渴望。

如何聽見自己薦骨的聲音？非常簡單。請你找一個你信任的人（注意！要你真的信任的人，唯有在你信任的人身邊，你才能放鬆，因為薦骨是不會說謊的。面對你不信任的人，我們很自動地會啟動防衛機制。所謂的防衛機制，就是你的大腦會開始不斷分析，開始涉入，這時候就無法聽見身體所發出的誠實回應，也就是薦骨的聲音。）你可以請對方開始問你一連串 Yes 或 No 的問題，意思就是問封閉性的問題，不能問開放式的問題。如果問開放式的問題，當有人問你為什麼？比如說像是申論題的型式，你的腦袋會自動又快速地分析個沒完，試圖想要合理化，找出諸多理由來解釋自己為什麼要做？如何做？怎麼做？如此一來，很容易就會完全忽略薦骨所發出的聲音。

找一個你願意信任的人，請對方問你一連串 Yes 或 No 的問題，請你立刻發出聲音來回答，什麼聲音都可以，像是嗯嗯，啊，或是任何語助詞的聲響都可以，但是不能用語言來回答。當你發出聲音的那瞬間，去感受它，就會清楚知道自己的答案究竟是 Yes 或 No，而這就是那個當下超越頭腦的分析，是內在最真實的回應，你內心真正的答案、你的渴望，在那一刻對你而言的正確選擇。

在人類圖的世界裡，我們常常提到「回到你的內在權威與策略」，指的就是一個人做決定的方式。以我的例子來說，我是生產者，我的人生策略是等待，回應。而我的內在權威是薦骨中心，兩者加在一起，代表的意思就是，我可以根據自己薦骨所發出的聲音（回應），為每個當下做出對我來說正確的決定。

❀

課程結束了，拿著自己的那張人類圖，除了感到莫名興奮，內心還衍生出更多疑問，這門學問完全超乎我原本想像，我當然明白這體系如此博大精深，不可能在短短兩天內完整理解。只是這短短兩天，能提供的知識如此有限，卻因此點燃了本人內心戰鬥的火花，我暗暗下了決定。

「我想弄懂這張圖。」

開車回家的路上，我認真對老公說：「我想完完全全了解它，Deepak 老師說，以他在人類圖世界裡有限的資歷，已經無法教導我更多關於人類圖的學問了，他只能引導入門，告訴我們這世界上有這個體系，但是，這對我來說是不夠的。我想學會它，我想知道它，弄懂它。」

「你想學習人類圖嗎？」老公仔細問我。

「嗯!!」我的薦骨再次發出強烈的回應。身體發出聲音的那個當下，我感受到身體不知道是因為興奮還是緊張而微微顫抖著，內在突然湧現一股想哭的衝動。

「我不知道該怎麼說，我覺得，這就是我長久以來追尋的，那個我本來也不知道自己到底在追尋什麼的東西，所有過往的學習與探索，好像都為了這件事情。就好像是……我終於找到了我的倚天劍，或者是屠龍刀。」愈說愈激動，邊講邊覺得內心真是無比清晰：「我要學會它，這是我一直以來等待的答案。我相信這將協助到很多很多很多人，雖然現在的我，無法以任何證據來證明，但是我就是知道。」

他沉默了，專心開車，我們繼續往回家的路上飛奔。過了好一會兒，他開口了：「我知道了，放手去做吧，我支持你。」

暮色低垂，微涼的夜，秋天的氣息溫柔將我們環繞。老實說，在理智的層面，當時的我，並不知道內在那股執拗究竟所為何來，無法解釋為什麼，這對我而言如此重要。這個決定看似發生得非常快速，卻如此強烈，與我的心相呼應，不帶任何質疑。

❀

接下來，我們仔細搜尋網路上的人類圖體系（Human Design）相關資訊，發現祖師爺 Ra Uru Hu 創立的專業人類圖分析師的教育體系，總共分成七個階段，預計要花上至少三年半的時間才能全部念完。看來這體系是如此專精與龐大，根本就像再念個碩士或博士學位，最後還得通過學院的檢定考試，包括口試，合格之後，才能真正被認證合格，名列在全球人類圖專業人士的名單上。或許因為門檻高，加上人類圖也尚未廣為人知，在亞洲願意學習的人屈指可數，加上全部課程皆以線上教學的方式進行，而大部分人類圖的老師與同學們皆定居歐美地區，如果我想開始這段學習之旅，就會成為散落在亞洲極少數的學員。

除此之外，連線上課的時段對身處亞洲的我來說，正好日夜顛倒，歐美時間的白天，就是我的深夜或凌晨。如果我真的決定了，要走上這條人類圖學習之路，可預見在接下來三年半的時間，每當夜深人靜，眾人皆睡我都得獨醒，我就得算好時差，好起床與國外連線上課，這就是挑戰，我得接受這挑戰，才有可能進一步接觸這門神奇的學問，一窺其中的奧祕。

「念不念？」

我問我自己，又或者應該說，賭不賭？如果選擇賭，就代表著接下來要投資數不清的時間與精力，以及花上大把大把銀子（國外課程學費都好昂貴）。而且，這條路看起來如此漫長遙遠，走不走得完沒人知道，連我自己都沒把握。就算真的讓我念完了，成為合格的人類圖分析師了，未來真會有人找我解讀或諮詢嗎？沒人知道這條路究竟行不行得通，如果選擇不走，自然省事，但是好不容易，人生至此，終於遇見一個足以燃燒熱情的東西，雖然還搞不清楚究竟是什麼，但是我知道，每次只要看見這張圖形，或者閱讀相關資訊時，那種總是忍不住想深究的渴望，像是一把野火轟轟轟延燒起來，吸引力是如此強烈，根本騙不了自己。

＊

打一回合理智分析與情感渴望的角力，同時也是一場大腦與薦骨的戰爭。

當然，過程中無法避免掙扎，面對未知的時候，人性中不想改變的猶豫，讓人很難做決定。我大可繼續過著全職媽媽的生活，說服自己人生何不求得安穩就好？更何況當家庭主婦本身就已經夠累了，為什麼不等孩子長大一些，比較空閒之後，要讀書要努力要奮起再放手去做呢？

這些理所當然的道理，源自於腦袋所產出的邏輯，講得井井有條，合情合理，卻無法適用於我內在的憤青魂。我壓根沒想遵從這些循規蹈矩的結論，就算冒險，就算任性莽撞，我都想義無反顧跳進去。不做怎麼會知道呢？如果讀不懂，行不通，到時候我必定能找到新的方式去穿越，這世界上辦法這麼多，一定有辦法的，我對自己這麼說。

要不要拚一回？我的薦骨發出好肯定的聲音。既然如此，那就回到我的內在權威與策略，雖然並沒有任何證據顯現，也沒人知道眼前這條路，走到底會有什麼，既然本人的薦骨回應得這麼強壯有力，那些腦袋中滋生的顧慮，繼續想下去也是沒完沒了，乾脆不管了。

如果不做，永遠會掛心，如果搞砸了，如果萬一我學了半天，發現人類圖只是鬼話連篇，至少確認過了，我也甘願。況且凡事總有兩面，我怎麼不去想想，如果有一天，如果這條路真的讓我走通了，那不就賺到了嗎？反正就這三年半，行遠必自邇，那就開始吧。

不管最後結局是哪種，唯有勇敢地縱身一躍，才能知道答案。

我開始與國外連線上課，正式進入人類圖殿堂。只是呀，原本以為的三年半，後來卻讓人欲罷不能地，無限期延長著，一直到現在，我都還在這條路上，在這奇妙無比的探險之旅上，每一步都還是驚歎連連，深深感覺當年我的薦骨是對的，這趟學習與體驗之路，真是快樂無比。

第二章 請你，戴上分類帽

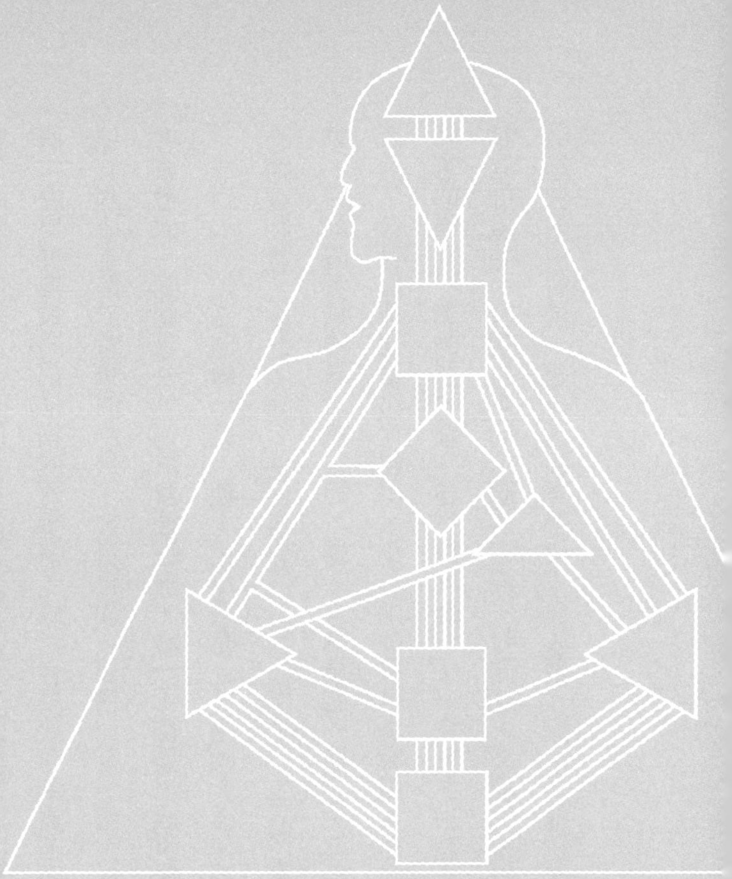

就像哈利波特初到霍格華茲魔法學校，有一頂分類帽，只要戴上這頂看似破舊的神奇帽子，你就會被歸類至你該去的學院，找到你的同類。人類圖體系裡的類型，將所有人分成四大類，類型決定了你的震動頻率與能量場（Aura）的狀態，同時決定了每個人做選擇的方式：策略（Strategy）。

＊

我常想，如果有一台攝影機，將本人學習人類圖的過程拍攝下來，接著將連續數年的時間快轉，大家只會看見一連串鏡頭跳接類似的影像。影片中我的動作相同，反反覆覆做的都是相同的事情，只差春夏秋冬季節不同，穿的衣服厚薄有差，還有那原本屬於背景的小孩，數目也從一個增加至三個，然後每個都像吹氣球一樣愈來愈大。除此之外，光陰快速流逝，每一天都是一成不變的生活。

白天，忙碌照顧小孩，晚上，每週有一天至兩天要仔細算好時差，調好手機上的鬧鐘裝置，夜深人靜，萬籟俱寂，當時鐘指向半夜兩點或三點，有時候會是四點，有的時候是清晨六點，鈴一響，立刻會有一個人，就是我，睡眼惺忪，相當認命的，自溫暖被窩裡迅速爬出，小心別吵醒了身旁還在熟睡著的老公與小孩，他們睡著的模樣，真的好可愛，像是時間靜止了。此刻，對我來說奮鬥才要開始，自認相當帥氣地，我獨自走向電腦的方向，打開它，連線之後瞬間清醒，感受到一種堅守崗位的使命感，連自己都覺得會不會入戲太深了，就這樣，我等待著，接著電腦裡有人開始說話，代表我與歐美的老師們連上線了，這樣才可以與散落在全球各地不同時區的同學們，一起努力學習，好弄懂這張人類圖上的奧祕。

這其實頗瘋狂，半夜起床的我，不再是一個只為小孩忙得焦頭爛額的主婦，而活得像是具備神祕身分的傳奇，足以穿越時空的限制，在無垠的宇宙裡徜徉。

數不清的黑夜與晨曦，挺直坐在電腦螢幕前的我，有時候搞懂了某些之前不懂的知識，獨自歡欣鼓舞，神采飛揚。有時候則如陷十里霧中，充滿疑惑，懊惱著英文為什麼不是自己的母語，搞不懂這玄之又玄，老師滔滔不絕講了一大堆到底是什麼意思？有時候因為白天搞得太累，體力不支的我硬撐著，趴在桌上努力睜開眼皮聽著課，卻還是忍不住睡著了，醒來才發現早已下課，線上虛擬教室裡的人全都離線走光了，空留我一個人在地球的另一端，抬頭一看，天已經亮了。

❀

國際人類圖學院（International Human Design School 簡稱 IHDS）是祖師爺成立的線上學院，採取遠距教學的形式，所有課程皆以線上教學的方式進行。我的同學們遍及全世界各國，英國、美國、西班牙、捷克、俄羅斯……等等等，雖然身處世界各地，只要算好各自的時差，在約好的時間點，就能在線上相見。我的老師是鈴達（Lynda Burnell，她現在已經是IHDS的校長），有一次忍不住問我：「Joyce，半夜起來上課會不會很辛苦？」我說：「沒問題的，半夜小孩都睡著了，我才能專心呀。」實話是，辛不辛苦？當然，白天忙著照顧小孩團團轉，半夜爬起來與國外連線上課，除了需要體力，還需要心神專注，除了上課的時段，還有許多作業與相關閱讀等著我，總要偷空搶時間，在照顧小孩之餘，快點認真研究。在體力上說不辛苦是騙人的，但是精神卻像嗑藥一般，念書與研究的過程，非常快樂。

❀

我喜歡人類圖的重要原因，來自於祖師爺中立的態度，他說：「人類圖體系並不是一個信念系統，你不必去相信任何事，人類圖也不是故事或是哲學，而是關於一個人本質的具體地圖，是你的基因碼的地圖。如此一來，就可以把我們的本性，以一種既有深度又深刻的方式，將細微之處以鉅細靡遺的方式敘述出來。人類圖開啟了一扇讓我們得以愛自己的門，透過了解，透過體驗，我們得以全然去愛生命本身，以及愛其他人。」

身為知識分子，我真的很喜歡祖師爺的說法。是的，我相信冥冥中有所謂的緣分，我相信吸引力法則，我也願意相信一切有其巧妙的安排，但是我發覺自己很難去相信太過虛無飄渺的事情。這世界心靈成長的工具如過江之鯽，每種工具每種法門，只要出於良善之心，都能支持到許多人，不同的人適合不同的方式，而我喜歡人類圖，是因為從接觸這門學問開始，我清楚收到祖師爺創立人類圖的出發點，你們不需要崇拜任何人，人類圖不是宗教，也不是信仰，學習人類圖並不是要把人搞得很激進狂熱，而是真正的，理性地藉由這個工具去了解自己，了解別人，然後試試看，回到你的內在權威與策略來做決定，實驗看看，這樣人生會不會更行得通呢？如果是，請繼續，這是一門區分的科學，精確而簡潔，這世界已經有太多盲目的信徒，而我們不需要去創造更多。

與學院連線上課，像攀登一座雲霧繚繞的人類圖高山，恨不得立即插翅高飛，揭開這雲深不知處的奧妙。但是不管你有多心急，基礎功還是很重要，自然得老老實實自第一階開始爬起，人類圖課程第一階：「你的人生使用說明書」（Living Your Design），多年之後，現在的我早已是第一階課程的引導師（Living Your Design Guide），也已經拿到足以培養引導師的老師資格（Living Your Design Guide Teacher），回頭再看，想起自己當初上著第一階課程，那種雀躍期待，坐立難安的心情，宛如昨日。

我記得第一堂課，來自世界各國的同學們在線上的虛擬教室裡，每個人的名字整齊出現在電腦螢幕的視窗框框裡。打破尷尬的沉默，鈴達老師按下說話鍵，從螢幕裡傳出她的聲音，語調溫柔而堅定，「好吧，歡迎大家，讓我們來介紹自己吧，除了名字，你來自的國家，你的年紀職業這些基本資料外，也請你說明自己是什麼**類型**的人（Type）。」

*

是的，類型。讓我先為大家解釋一下，你知道，就像哈利波特初到霍格華茲魔法學校，有一頂分類帽，只要戴上這頂看似破舊的神奇帽子，你就會被歸類至你該去的學院，找到你的同類。霍格華茲有四大學院，就如同人類圖體系裡的類型，將所有人分成四大類，這是非常重要且關鍵的分類，每個人所屬的類型，界定本質的基調，類型決定了你的震動頻率與能量場（Aura）的狀態，同時決定了每個人選擇的方式：**策略**（Strategy）。

所以第一堂課的自我介紹從類型開始，並非意外。每一張人類圖裡蘊藏的訊息太多，容易看得人眼花撩亂，開始的第一步，也是最重要的關鍵，就是區分出類型，不同的類型，在這世界所發揮的功能與作用也不同。

類型主要分為四種：

顯示者（Manifestor）、**生產者**（Generator）、**投射者**（Projector）與**反映者**（Reflector）。

我聽著課堂裡每個人的自我介紹，發覺絕大部分的同學都是生產者（Generator），我心想這也正好呼應到四種類型之中，生產者占絕大多數，而生產者這個類型又分成兩種：純種生產者（Pure Generator）與顯示生產者（Manifesting Generator），兩種加起來占了全世界人口近乎七成。

生產者——你們是建造這個世界的人！

生產者是什麼？

如果你是生產者，在你的人類圖設計上，薦骨這個能量中心必定看起來會是深紅色的，這代表的意思是，你的薦骨中心處於被啟動的狀態，簡而言之，工人要做事情要有氣力，而這個能量中心就像是電池一樣，會持續穩定地提供生產者工作的動力。

簡單來說，生產者，就是工人啦！

是的，生產者是工人，也是建造者，他們是來建造這個世界的人，生產者來到這個世界註定要來工作的，通關密語是「做自己擅長的工作」，這也就是為什麼，了解自己，清楚知道自己擅長的是什麼，將自身的才能發揮到最大，建造屬於自己的領域，實現自己，就是每個生產者一生終極的追求與渴望。

這個世界有七成的人都是生產者。換句話說，這個實質世界充滿著生產者的動能，構成集體意識的主要基調與運轉機制。這其中的邏輯很巧妙也很簡單，如果你是生產者，你也了解自己的本性，同時，你正在做自己擅長的事情（就是你的工作），那麼你的時間與能量，就能成功並有效率地，轉化為你所創造出來的產品

人類圖範例 1

類型	人生角色	定義
生產者	6/3	二分人
內在權威	**策略**	**非自己主題**
情緒中心	等待，回應	挫敗
輪迴交叉		
Left Angle Cross of Prevention (15/10 | 17/18)		

或服務。在這個精密分工的物質世界，每個生產者「生產」某些產品或服務，各司其職，然後以相互交換的方式（當然現在已經進化以金錢為代幣），取得別人所創造出來的商品或服務，來滿足自身的需求。雖然表面上看起來是金錢的交換，若看得更深，金錢的流動只是運作的機制，讓我們一起生活在地球上，可以相互支持，相互供給，自成一個順暢運作的體系。

生產者追求的是錢嗎？我們每個人工作都只是為了錢嗎？並不盡然，生產者渴望追求實踐自我的成就感，藉由了解自己真正喜愛的是什麼，做自己擅長的工作，最後，在這些領域累積成就與成績，就會覺得生活得很充實，讓生產者天天工作得很有勁。相反的，如果你是生產者，卻討厭自己的工作，天天活得挫敗又沮喪，那麼你應該思考的是，你真正了解自己嗎？你有沒有發揮所長，做自己真正喜歡並擅長的工作呢？

❋

生產者的人生策略是：**等待，回應**。（Wait, to Respond）等待，回應是什麼意思呢？

基本上「回應」這二字說的是，對於來到眼前的這個選項或選擇，你的薦骨有沒有發出聲音？薦骨的聲音我們之前已經稍稍提過，現在讓我用另一個角度來解釋。只要是生產者，你的薦骨中心就會呈現被啟動的狀態，也就是這個方塊的能量中心，在圖上會被塗成深紅色的色塊，薦骨中心對應的就是你身體的男性／女性生殖器官的部位，相對於我們稱之為丹田的位置。我們每天無時無刻，不管有意識無意識地，都以不同的方式與外界溝通著，當你說話的時候，整體運作的體系是來自腦袋邏輯整理之後的結果。而所謂薦骨的聲音，指的就是身體最原始的本能與回應所發出的聲音。講起來好像很複雜，其實就是我們常常不由自主地，在談話或不經意的時候所發出的聲音，像語助詞一般所發出的嗯嗯啊啊的聲音，這就是人類圖體系裡頭稱之為薦骨的聲音。

只要是生產者的設計，薦骨代表的是屬於身體層面的真實，所以當你的薦骨發出肯定的聲音，代表的就不只是你的腦袋認為你應該如何如何，而是對你來說，那個當下最真實而正確的決定。你的薦骨不會說謊，但是也請你不要自己問自己，因為這樣會很容易被自己的頭腦混淆。找一個你信任的人，以是非題的方式來問你，當你聽見對方所問的問題，不要遲疑，請立刻發出嗯嗯啊啊的聲音（薦骨的聲音）來回答，不要以語言的方式來回答，因為當你開始說話時，你的腦袋已經涉入並開始分析了，那麼往往再一次，這個答案又會來自你認為你應該，而非來自你真實的渴望。當你的回答純然來自薦骨的回應，當你的薦骨發出嗯嗯啊啊的聲音時，答案到底是Yes或No，在你發出聲音的那一瞬間，你可以去感受，你會知道的。

如果你讀到這裡，覺得有點霧煞煞，真的不是很明白薦骨的聲音，究竟是在說些什麼，讓我舉個例子給你聽吧，當時，當我知道了這些概念後，我覺得自己似乎似懂非懂，在概念上，我明白了，但是到底薦骨的聲音，對我來說代表什麼意思呢？這聽來也太不合邏輯了吧，對於人生中這些大大小小重要的決定，我又怎麼可能放下腦袋的計畫與分析，只根據自己那個聽來相當不靠譜的嗯嗯啊啊聲音為準則，來下決定呢？

我決定做個實驗。

❋

我將當時想得到的朋友的名字都寫在一張紙上，然後請我老公不要依照我寫下的順序，而是跳著問我，你喜歡A嗎？你喜歡B嗎？（Yes 或 No 的問題）然後我不能有任何遲疑或思考的空隔，就要立刻發出薦骨的聲音來回答。

這原本只是一個好玩的實驗，沒想到，就在他問，而我簡單發出嗯嗯啊啊的過程中，我突然懂了，那就是……我發現有些朋友因為對我非常好，所以長久以來，我的腦袋會一直反覆試圖想說服自己似地不斷放送，人家對你好，所以你也要對對方好，我們應該是彼此的好朋友。但是當回到薦骨的回應時，很明顯也很真實地，我是有所保留並遲疑的。相反的，有些朋友因為過往曾經有過不愉快，我本來以為自己必定很討厭對方，但是，當我發出薦骨的聲音時，回應的聲音裡頭，其實並沒有我原本預設的負面情緒。

這是第一次，我認真去感受自己所發出來的回應（薦骨的聲音），結果讓我驚訝，如果根據薦骨所發出的聲音，我真正有所回應的選項，與我在腦袋理智層面上，認為自己應該去做的事情，兩者並不是時時都相符，也不見得一致。

這也讓我回想起，當我第一次看見人類圖這張圖形時，自己莫名其妙立即發出讚歎似地啊！哇！這類的聲音，那一瞬間，我也體驗到自己的內在，充滿一股莫名的衝動想好好研究學習它。現在想來，不就是我的薦骨最真實直接的回應嗎？如果順從薦骨的回應，內心偏好的選項早已昭然若揭，只是人類聰明的大腦為了求存，立即轉入評估模式。當我放任自己的腦袋開始胡亂運轉，愈想愈衍生出愈來愈多的遲疑與顧慮，開始跑出損益評量表的時候，薦骨最真實的答案，就好容易被整個理智邏輯所淹沒了。

然後我就懂了，如果沒有回到人生策略，不去聽見自己薦骨的真實回應，只是遵循大腦理智的分析，那麼，我的選擇依循的依據就是「合理」，我會活著一個看似「應該」並「正常」的生活，謹慎而合宜，盡其可能符合著社會的規範與標準，但是，這不一定是我真正渴求的人生。

❀

讓我們再回來看，生產者的人生策略是，等待，回應（Wait, to respond）。

在這裡所謂的回應，指的就是你的薦骨的聲音所傳遞出的答案。那麼，既然如此為什麼又要加上等待呢？等待是什麼意思呢？首先要先釐清，在這裡所說的等待，並不是要生產者什麼都不做的意思，等待並不是消極也不是懈怠，而是「不需要發起」。

生產者在當下回應來到面前的人事物，聽從薦骨的回應，做出對自己來說正確的選擇，然後全力以赴去行動。如此一來，就能將這股源源不斷的動力，化為實質的成就。生產者是建造者，生來就是要來建造這個世界。

等待，回應，對生產者來說非常重要，因為每件事情都有其時機，而這與我們長久以來被教育成得「主動，積極，進取，像拚命三郎似地，立刻得讓事情發生才行」這樣的人生哲學並不相同。因為，從人類圖的觀點來說，四種類型中，適合發起的只有顯示者，而生產者的能量場是開放、包容的，吸引周圍的人進入你的能量場，引發別人與你交流。生產者充滿生命力，而其它類型的人渴求生命力，自然會被吸引。換句話說，其實每個生產者都無須外求，他們只需要跳脫腦袋的控制，等待事物流動到自己的面前來，然後回應，根據自己的回應，全力以赴去創造，這就是最適合生產者運作的途徑。

換句話說，當生產者不願意等待，沒有等待機會來到面前才回應，拚命發起的時候，往往就很容易事倍而功半，不斷感受到沮喪與挫敗感，而沮喪與挫敗感（Frustration）就是專屬於生產者的非自己主題。

＊

不管是什麼類型的人，當沒有依循自己的人生策略運作的時候，就會冒出所謂的「**非自己主題**」（Not self theme），這是什麼意思呢？非自己主題，講得白話一點就是，當你沒有做自己的時候，會開始出現的不爽症狀。不同的類型會產生不同的不爽症狀。生產者很容易陷入莫名的**沮喪與挫敗**裡頭，這些讓人不舒服的負面情緒，其實都只是最好的提醒機制，讓你明白並察覺到：「我現在是不是沒有按照自己的人生策略做出正確的決定呢？我有沒有等待，回應呢？」

如果自己太過躁進？莫名其妙失去耐性而拚命發起，那麼是不是可以調整一下自己的狀態，別忘了，生產者的人生策略是，等待，回應。唯有等待，回應，才會讓你做出正確的決定，創造出真正感覺到滿足的生產者人生。

既然生產者這個類別又分為兩種，那麼，純種生產者與顯示生產者的差別是什麼呢？

＊

顯示生產者重視效率，純種生產者執著於完美。

顯示生產者行動力較為快速，一旦有回應就會立即化為行動。而純種生產者則是一步一腳印，按部就班持續往前，打好根基，很難遺漏或省略任何一個步驟。從表面上來看，感覺上純種生產者的動作似乎比顯示生產者慢。事實上，顯示生產者真的動作比較快，但是卻往往因為沒有耐心，所以常常自行省略一些自以為不必要（其實可能是非常重要）的步驟，最後無可避免，還是得回頭去補強才行。兩種不同的生產者，說穿了也不過是一場龜兔賽跑的競賽，而動作快的那個，並不等同於每次都能先馳得點。

話雖如此，純種生產者或顯示生產者還是有很多共同之處（畢竟屬於同一種類別），像是薦骨啟動的動能，人生策略都是等待，回應。兩者也都擁有同樣類型的能量場，天生註定要來工作，並且從工作中獲得滿足感，最大的不同就在於他們工作的方式與態度。

雖說生產者都是建造這個世界的人，但是這兩種不同型態的生產者，工作的方式與節奏卻大不相同。舉例來說，純種生產者做事的節奏像是海浪，一波一波，時而進，時而退，自成其韻律，而顯示生產者則像是一群馬奔馳入林，一陣風似地馬蹄聲，來得快去得也快。普遍來說，相對於純種生產者，顯示生產者貪快，也比較沒耐性。他們適合快速開創，即使快速運轉中總是難免差錯百出，也不盡完美，但是顯示生產者會覺得，反正先做再說，有問題或出差錯，事後再修補不就得了，這與純種生產者看待這個世界的角度與作法，並不相同。

哪種比較好？沒有比較好，就是不一樣。

對於純種生產者的我來說，我的顯示生產者朋友們，常常讓我歎為觀止，往往還在我斟酌遲疑評估中，他們已經一溜煙衝到不知名的遠方某處了。好不容易，當我開始按照自己的步驟與節奏持續前進，沒料到下次再見時，他們早已見山不是山，見雲不是雲。山不轉路轉，路不轉人轉，而他們也早已轉了好幾輪原本說要做的，正進行著與原本完全不相符的新計畫了。而純種生產者做任何事情，都有自己固定的步調，效率不是唯一的重點，重點在於純種生產者有沒有覺得足夠，有沒有達到自己內在的標準了。要做就要做得最好，如果可能的話，可以永遠繼續追求下去的那兩個字叫「完美」。

顯示者——為什麼你不說？

上課的同學只有一位是**顯示者**，聲音很有磁性，她是來自英國的芮秋，我想著祖師爺也是顯示者，覺得好好奇喔。投射者有兩位，美國的珊卓，義大利的奧力，連最難得遇見的反映者也出現了，是來自南半球紐西蘭的克麗絲。課後，鈴達老師指定大量的閱讀資料，她建議大家回去都要好好研讀，她再次強調這是互動式教學，我們要真實去體驗，我們也各自在線上找了同學當讀伴，增加討論與交流的機會。

正當我對顯示者產生濃濃的好奇，很幸運的，我與芮秋成為同一組讀伴，由於我是生產者，而她是顯示者，討論過後，決定接下來由我來研究顯示者，而她則開始調查生產者，如果有任何不理解的地方，再詢問對方，於是顯示者的田野調查，正式展開。

對於顯示者，官方的說法是這樣的：

顯示者（Manifestor）只占全部人類

人類圖範例 2

類型	人生角色	定義
顯示者	4/6	一分人
內在權威	策略	非自己主題
直覺中心	告知	憤怒
輪迴交叉		
Right Angle Cross of The Unexpected (41/31 | 28/27)		

的百分之八，其能量場的本質是封閉、反叛、攻擊並且向外擴張。這種類型的人是天之驕子，生來就是要影響眾人，擴張自己的影響力。他們主要的任務是「發起」，當那個揭竿而起，石破天驚的第一人。凡事起頭難，顯示者卻能真切傳達出，若要如何，全憑自己的正面精神，至此之後，周圍的一切迅速隨之運轉，風生水起，生生不息。

換句話說，顯示者的生命原型實在太棒了，全世界百分之九十二（除了顯示者自己之外），幾乎人人羨慕渴望擁有如此理想的人生。畢竟，顯示者代表的是非常典型的，得以吸引眾人目光的領袖A咖。只是大家並不知道，無時無刻要當個A咖其實很累，具備影響力，足以引發眾人改變世界，也並非一塊蛋糕般輕而易舉。

而這世界畢竟有七成都是生產者，生存在一個以生產者為主的主流社會裡，顯示者們往往無法在彈指之間如願，偏偏他們又超沒耐心。身為顯示者最佳代言人的祖師爺曾經說過，在顯示者眼中，全世界就像是慢速運行一樣。於是動不動，當事情不如預期，憤怒很快就會在內心延燒起來，加上人要鶴立雞群，就容易成為箭靶，陣亡的機率激增，有時突然襲擊而來的攻擊與抗拒，充滿令人焦慮的危機感，若沒有三兩三，又怎麼上梁山呢。

這也就是為什麼，我們看見許多顯示者隱藏自己的本性，偽裝在人群之中，小心翼翼地活著，以為這樣大家就不會看見他們原生的光芒與才能，就不用承擔，不必冒險，不需完成此生的天命。卻忘記，顯示者本來就該活得像是沒有明天，因為你們終究是那足球隊裡的前鋒，注定要光芒萬丈，不可一世，受萬人矚目，成為焦點之所在。

如果隱藏了，退縮了，就枉費自己身上所流著的，顯示者的血液。

❀

我不是顯示者，所以一開始讀顯示者的相關資料時，我其實有許多疑惑。

書上說，顯示者的策略是**告知**（To Inform）。換句話說，顯示者要做什麼都行，只要告知相關的人他所做的決定，一切就會開始輕易運轉起來。但是所謂的告知究竟是什麼意思呢？告知不就是講一下就好嗎？這算是什麼樣的策略？這根本是個爽兵的策略吧?!講一下有什麼難的？而且就是講出口而已，真的會有很大的不同嗎？抱持著半信半疑的心情，我決定要實際做個田野調查。

順帶一提，身為初期進入人類圖神奇世界的狂熱探險者，我們的第一個狂熱症狀就是：拚命收集周圍親朋好友的人類圖。當時我檢視一下手上大約一百多人的人類圖檔案，稍加統計後發現，真的耶，比起那成山成海的生產者們，顯示者真的為數不多，而我個人對他們的感受就是，他們雖然不見得男的帥，女的美，也無關好壞，卻個個似乎都有一種獨特感，很容易引人注意，感覺有一種在人群中很容易被看見的氣場。

顯示者到底是怎麼樣想的啊？被強烈好奇心驅動的我，立即約了一位顯示者先生出來喝咖啡，他仔細聽我講述本人正失心瘋愛上人類圖，接著聽我解釋關於顯示者的特性，他不時點頭，認真嚴肅地思考著，我告訴他，顯示者的人生策略是告知。

告知的意思就是，每當你做了一個決定，對於這個決定可能會影響到的相關人等，都要好好地向對方說明你的決定，這樣才不會當你突然做了決定之後，別人會有措手不及之感，進而引發許多不必要的抗拒，以及伴隨而來的負面評價。然後，我有些心虛地問他：「身為一個顯示者，對你來說，告知真有這麼難嗎？我真的好難想像喔，不就是說一聲嘛，你真的覺得這很困難嗎？」

「其實，人類圖講得沒錯，很多事情我是不想說的。」沒想到，他竟然如此回答：「因為我不喜歡人家意見很多，如果先講，有可能還沒做就被一堆意見煩死了，甚至有人反對不是更煩，乾脆先斬後奏，先做再說。」

＊

原來如此呀，聽了他的說法，我突然能理解了。這邏輯就是，顯示者是天生來發起的，所以他們有著很強烈的自主性，本身又能產生極大的影響力。祖師爺說過，你無法控制顯示者，他們遇到高壓的狀態就是反叛，或是憤怒，當他們沒有回到自己的人生策略——做事情沒告知時，很容易讓周圍與他相配合的人，在不預期的狀態下面對突如其來的改變，太過驚嚇「這個人是怎樣啊？」因而產生一種失控的恐慌感。這也就是為什麼，當顯示者完全不告知時，很容易會讓周圍的人產生誤解，感覺自己不受尊重，進而不由自主地抗拒，開始抵制顯示者的諸多行為。如此一來，相對又讓顯示者覺得自己處處受限，再度引發出內在更大的憤怒，下次更不想告知，如此這般惡性循環下去，告知對顯示者來說，就變成一件異常困難的事情了。

顯示者先生同時也說了，由於自己從小到大都被媽媽嚴格管束著，所以更加引發他想反叛，想盡速脫離任何被控制的可能。這讓我笑了，因為祖師爺也是顯示者，而他所說的思維模式，完全與祖師爺解釋過的故事相呼應。顯示者的小孩必須要從小被尊重，父母要一次又一次和他講道理，與他達成共識，讓他明白當他還小的時候，想做的事情必須先請求允許，這並不是一種限制，而是人與人之間相互尊重的形式，同時也是爸爸媽媽保護他的方式之一。如此一來，顯示者長大之後，才會願意告知。

「當顯示者長大之後，所謂的告知，並不是請求允許，你知道這其中的差別嗎？」我告訴顯示者先生：「你告知對方你想做的決定，並不代表對方有權力來限制你，告知本身代表的是尊重，當你告知之後，你去做你要做的，而對方會做什麼樣的選擇，就留待對方來決定。」

「所以只要告知，就可以。」他認真思考著。

「對呀。」我回答他：「你要不要實驗看看，如果你接下來開始採用告知的策略，會不會有什麼不同。」他笑著對我說：「好啊，謝謝你的建議，我會試試看。」

這是我第一次以顯示者的角度，去體驗我的這個老朋友。當然，我從來不知道，原來我們眼中的他凡事總是如此低調，搞得神祕兮兮的外表下，原來有著這樣的心結。

＊

與芮秋討論功課的時候，我分享了自己與顯示者先生對話的過程，芮秋聽得津津有味，我告訴她，對於一個純種生產者來說，「告知」這樣的策略，竟然會對顯示者來說是有難度的，真是讓我難以想像。

「哎呀！要我說出口，其實並不容易。」她嘆了一口氣：「我的內心戲幹嘛要講出來？講來講去麻煩又多餘，以我的角度會認為，很多事情已經非常明顯？就算不說，大家都應該知道，還有什麼好講的，不是嗎？」

「怎麼可能不說啦。」我大笑，「像是你如果跟一個人分手，你總要跟對方說吧。」

「不用說啊。」她張大眼睛。

「難道你就不告而別嗎？」我太震驚了。

「對啊，如果不再聯絡了，不就很明顯了嗎？」她完全不是開玩笑，並且相當理所當然，「你想想看，當一段關係走不下去，一定不是一天兩天的事情吧，如果同樣的東西講了又講，有一天我不再提起，然後乾脆人消失了，這不就是很清楚，我・們・不・合・分手就是最直接的答案了呀，不是嗎？」

我急忙對她解釋：「但是，你知道不代表我們知道呀，而且你想想，顯示者只占百分之八的人口耶，這代表著從你眼中所認知到的世界，跟其餘百分之九十二的人，都不一樣。換句話說，你認為很明顯，大家都應該知道的事，可能事實的真相恰恰相反，真正讓大家搞不懂的，應該是你吧。」

芮秋在電腦的另一端，陷入一陣短暫的沉默，這才告訴我，她現在比較懂得，為什麼那些前男友們，個個分手之後都搞得好像受了重傷的狀態，讓她百思不得其解，這提醒了她，也許這世界，並非以她的觀點在運轉，這個世界也不一定等於她所看見的模樣。

過了沒多久，他們分別告訴我，原來，簡單的告知，後續發酵的差別真的很大。當他們願意說出口，周圍的人就會以不同的方式開始回應，開始動起來，真的很多事情就莫名開始順起來了，有更多的幫助，更多的支持，讓他們所發起的事情進展得更順暢，一切也將更省力。

投射者——請你等待被邀請，才會真正被看見，被好好珍惜

我一直覺得自己滿理解**投射者**，畢竟我嫁了一個投射者，又生出一個投射者，但是當我開始以投射者的角度去理解他們，卻不斷有種恍然大悟「原來如此」之感。

世界上有百分之二十一的人是投射者（Projector）。

若與其他類型比起來，顯示者想發揮影響力，改變這個世界；生產者們渴望了解自己，發揮所長，建造這個世界；而投射者全然不同，他們此生並非來工作，根本也不需要建造些什麼。投射者天生有種溫和體貼的氣質，一生中追求的終極目標是成功，他們對成功的定義也很特別，他們認為，成功就是協助更多人獲得成功，同時如果自己可以全然並盡情地享受生活，就是投射者認為最理想的境界。

他們的天生焦點在外，將目光投射在周圍每個人身上，不由自主將自己放在後頭，也就是因為如此，他們能夠深深了解每個人的特性，也能知曉對方當下的狀

人類圖範例 3

類型	人生角色	定義
投射者	4/6	二分人
內在權威	**策略**	**非自己主題**
直覺中心	等待被邀請	苦澀
輪迴交叉		
Right Angle Cross of The Unexpected (41/31 | 28/27)		

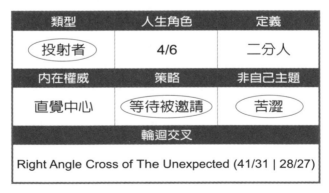

態。投射者很聰明，也有布局的能力，適合管理與協調，樂意幫助大家，熱心協助每個生產者回到其應當運作的軌道上，讓一切運作得更省力也更順暢。不幸的是，這世界大多數的生產者宛如刁民，並不見得準備好接納投射者的諸多建議，雖說事情運行到最後，往往會證明投射者從頭到尾可能都是對的，但是顯示者不想被管，大部分的生產者又通常懶得聽，不想聽，又或是聽不懂。於是投射者所提出的先知灼見很珍貴，卻通常被視為不合時宜，最後人人橫衝直撞，弄得頭破血流，一回過頭已是百年身，這才真正看得見投射者的好，這也就是為什麼，投射者常常覺得自己不被了解，感覺很**苦澀**。

因此，投射者的人生策略是，**等待被邀請**。

❋

在這裡所說的等待被邀請，指的是人生中關鍵的決定，像是愛情與婚姻，工作與事業，居住地點與人脈的連結，所以，這並非指日常的諸多瑣事，都得事事被邀請，而是指人生中重要的決定，當邀請尚未發生之前，請投射者做自己真心喜愛的事情，保持愉快，那麼對的邀請終究會到來。

就像諸葛亮要劉備三顧茅廬之後，鄭重被邀請出來，才能統帥領兵。正確的邀請代表著，有人認得投射者的才能。當邀請出現的時候，代表對的時機來臨了，而四周這群吵雜喧鬧的眾多生產者，已經準備好要聆聽（或者他們終於進化到可以聽得懂你的話語），不然即使投射者再怎麼努力，試圖主動發起，遇到阻力終究要妥協，最後只會讓人更苦澀更易怒，弄得自己筋疲力竭，而大家也看不見投射者的才能，無法感受到投射者卓越的領導能力。

幾乎每一次，當我告訴剛開始認識人類圖的投射者：你們的人生策略要等待被邀請。他們的臉上，通常會出現一種既困惑又恍然大悟的神情，一副「啊，原來是如此呀，難怪！」接著，當他們聽見自己生來不是來工作時，會出現一種不可置信，卻又像是終於解脫了的放鬆感。

❀

「我從小就會想著，人為什麼要工作啊？」不只一次，不同的投射者們，在我面前紛紛說出自己底層真正的心聲，「但是，如果說出自己不想工作，周圍所有人都會覺得你超怪，覺得這個人怎麼這麼懶惰啊，一個人活著，怎麼會不想工作不事生產呢？」

身為生產者的我，並不能全然體會投射者的心情，這是一個生產者的世界，覺得人生來理所當然要工作的人，就占了七成之多。相對來說，投射者的族群畢竟是少數，在不斷與他們聊天談話裡，我試圖以知識的角度理解，這世界上有一群人並不是生產者，投射者追求的是一種他們想要的生活型態，以協助與支持別人的角度出發，以自己選擇的方式來享受生活。由於身處在這個充滿著生產者的世界裡，如果不理解自己的設計，並且受到家庭社會的制約，長久以來，投射者們真的很容易自責，而不斷不斷強迫自己偽裝成更瘋狂努力的生產者。這也就是為什麼這世界上，有很多沒有活出自己的投射者，誇張地活成不知節制的工作狂。過度工作的結果，讓這原本就不是設計來建造世界的投射者身體，很容易變得過勞，長期過勞的結果，身體必然會發出警訊，導致生病。

❀

說到底，投射者看待生命與世界的角度，與生產者比較起來截然不同。舉例來說，生產者天生有股源源不絕的動力，他們想要工作，想要執行，就像勇健的賽馬一樣，活力充沛。而投射者並不是賽馬，他們是騎師，騎師騎在賽馬的馬背上，懂得策略，懂得運籌，能協助賽馬更有效更快速地飛馳到點。

如果賽馬與騎師好好合作，到最後大家都可以盡其所能，輕鬆到達終點，達成目標。只是現實的狀況是，每匹賽馬不見得準備好，讓騎師跨上來指導一番，如果賽馬不肯，就如同投射者的才能還沒被賞識，若沒有等待被邀請，就自以為好意地主動發起，那麼，很快地，脾氣變得暴戾的賽馬，就如同感覺到沒有得到尊重的生產者，會快速將騎師摔下馬，自行揚長而去。故事進展到這裡，不管感到多委屈，騎師還是摔得滿臉灰，苦澀萬分。當目標還是在前方，這可憐的騎師只好把自己當成一匹賽馬，逼自己得用力用力再用力去奔跑，不需要多久，人到底是跑不過馬，很快累死在路邊。

每次我講這個例子的時候，投射者們總會忍不住哈哈大笑，在他們的笑容裡又默默夾帶著難以言喻的苦澀，這個故事或許過度簡化，卻明顯地道出他們在人生中的困局。明明是好意，卻不見得被珍惜，明明是很好的意見，卻不見得會被聽見，也不一定被採納。如果忍不住強迫自己像個顯示者去發起，又或者用力要像個生產者去執行，沒多久又覺得疲累不堪，力不從心。

「如果沒有邀請怎麼辦？難道我就這樣天荒地老地等待下去嗎？」他們為此憂愁不已。「如果不主動不發起不講出來，不就更沒有人會看見我，那邀請又將從何而來呢？」

「花盛放，蜜蜂自來。」

這道理說來簡單，願意投降卻很難。因為邀請並不會憑空發生的，在邀請尚未出現時，請做自己真心喜愛的事。因為當投射者從事自己真心喜愛的事情時，曖曖內含光，久久自芬芳，自然而然就會吸引對的人來到你身邊，認出你的才能，莫強求，自然而然，對的邀請就會發生。

＊

簡而言之，身為投射者要像諸葛亮一般，放下擔憂，苦悶與愁苦，享受自己真心喜愛的事情，靜心等待被邀請，如此一來，才能真正被看見，被賞識，被珍惜。

「我每次換工作都是被邀請的，原來如此。」我的另一半 Alex 老師得知自己是投射者後，非常同意，「這也就是為什麼，那些市面上主流的激勵書，充滿著主動積極發起的理論，並不適用於我。」回顧他的職涯，自台大畢業後，進入醫療器材的業務工作，期間的轉折，一直到他坐上外商上市公司的總經理，每一次人生中重要的機會，說起來真的就是一連串被賞識與邀請的過程。當我不斷邀請他進入人類圖的領域，他遲疑再三，最後接受我的邀請，決定從原本光鮮亮麗的總經理職位離開，一起和我奮鬥推廣人類圖。在促進人類圖體系中文化的過程中，我問他，為什麼願意接受邀請，做這個可能並不見得符合主流社會體制價值觀的選擇？

「我知道這是你這輩子真正想做的事情。」他對我說：「既然如此，那我就支持你吧。」

聽完他的回答，真的可以體會到這就是投射者呀！不想工作的投射者，用心良苦的投射者，不見得被大多數人理解，而默默感覺苦澀的投射者。祖師爺說，投射者是新世代的領導者，因為他們若接受正確的邀請，真正發揮力量的時候，是如此溫暖而強大。

❀

由於生產者與投射者在本質上截然不同，這也反映在我們的人生觀上頭。這讓我想起有一次大樂透上看十億，所以我家老爺開心買了獎券，一連幾天懷抱一個快樂的發財夢，我們無腦開始閒聊討論著，如果中了樂透，自己最想做的是什麼呢？

「我想我們就可以準備退休，再也不需要繼續工作了，每天悠閒度日，打打球，按按摩，要做什麼就做什麼，真是理想的人生。」他瞇著眼睛微笑著，一副美夢就在眼前，人生從黑白變彩色的幸福樣。

「啊？」我立即搖頭，「這樣多無聊呀，我的媽呀，這樣的人生怎麼會有樂趣有意義啦。」「不然你要做什麼？」他大惑不解。

「如果再也不用為錢煩惱，我會立刻去買一整棟大樓。」換我開始陶醉做發財大夢，他很好奇，「是喔，是要投資收租金賺更多錢嗎？」

「當然不是!!」我瞪了他一眼。

「我想成立一個全世界最大的人類圖學院，然後開很多很多課，裡面有很多不同的部門，每個部門的人都有很多很多有趣的專案可以做，與世界各地有趣的人一起工作，將人類圖推廣給世界上更多更多人知道，這樣不是超棒的嗎？」

我想到這個夢想，都會心跳加速好熱血的啦，我熱情洋溢繼續說個沒完，「這樣一來，我就可以天天做自己喜歡的工作，最好永遠身體健康，長命百歲都別退休了。最理想的狀況就是，有一天我很老很老了，然後站在講台上，或者我正在為解讀人類圖的某個時間點，突然，我是說突然喔，心臟病發死掉了，死在我熱愛的工作上頭，這不就是最棒的人生嗎？」

「我的天啊！」投射者老公大喊，「如果中了樂透反而還要做更多更多工作，那我寧願不要中，我想了都累死了。」

「哎呀！你就不懂了嘛，你是投射者，你又不是來工作的，不像我有工作魂，我是生產者嘛。」

「對啊，生產者真的好恐怖喔。」兩人同時哈哈大笑。

反映者——那個跟隨月亮週期運轉的人

最後這種類型是**反映者**，反映者是人類圖裡最稀有的類型，僅占全人類的百分之一。反映者的特性是，九大能量中心皆呈空白沒有定義，換句話說，如果你看見一張那些方塊或三角形之類的區塊（也就我們所說的能量中心）都呈空白，沒有被塗上顏色，那麼，你看見的就是罕見的人類圖設計：反映者。

反映者對環境四周的種種非常敏感，他們才華洋溢，看待事情的角度與看法，也與全世界其餘百分之九十九的人大不相同。反映者依循月亮的週期而轉變，他們有著截然不同的步調，擁有不同生命運轉的節奏，最著名的代表人物就是麥可傑克森，成熟的反映者非常公正，能夠無私看待周遭的人事物，做最好的仲裁。

為什麼反映者會對環境與周遭的人極度敏感？首先，你要先明白關於人類圖體系裡頭能量場（Aura）的概念，在人類圖的體系裡認為，每個人都有其能量場，所謂的能量場就類似我們平常說一個人的磁場或氣場，而每個人的能量場的大小就是你的手臂伸直，乘以兩倍為半徑，畫一個圓周的範圍，而每個人被啟動的能量中心、通道、閘門都不同，就會有不同的能量場。而且奇妙的是，人與人之間的能量場是會彼此影響，相互引發。換句話說，當不同的人進入我們的能量場，就會激盪出不同的火花，也免不了在不同處得相互妥協，其實都不是意外。

人類圖範例 4

類型	人生角色	定義
反映者	6/2	無定義
內在權威	策略	非自己主題
無	等待二十八天	失望
輪迴交叉		
Left Angle Cross of Spirit (59/55 | 16/9)		

這道理很容易懂，空白的能量中心，那些區塊並不是一個人所缺乏的部分，而是在能量場的範疇中，這些空白的區塊是開放接受外在影響的所在。

❀

簡單來說，每一張人類圖上頭有顏色的能量中心或通道，代表的就是你從出生到死，固定的運作模式與特質，這些有顏色的部分代表的是一個人持續運作的特質，定義了你是一個什麼樣的人，而剩下的空白部分會如何運作，則取決每個當下來自於外在環境的影響。換句話說，當不同的人進入你的能量場時，那原本空白的能量中心，就有可能會被對方的能量場啟動，然後不由自主反映對方的狀態，以兩倍的強度展現。而我們老祖宗所講的近朱者赤，近墨者黑，其實是真的，而人類圖則是以更進化的方式，宛如探照儀一般，讓人與人如何相互影響的狀態，不再只是一個模糊的哲學或概念，你只要看看每張人類圖空白之處，就可以指認出那個領域是他們接收別人影響，從小到大容易被家庭與社會價值觀制約的地方。

既然如此，若從能量場的角度來說，你的空白中心愈多，代表在能量的層面你天生是敏感的，容易接收到來自別人的影響，但是相對的可塑性也高；反過來說，如果你的空白地方很少，你的能量場較穩定，不容易受到影響，固定而可信賴，但相對來說，彈性與開放程度自然偏低。了解人與人的能量場會相互引發的概念後，讓我們再回頭來看看反映者的設計，既然反映者的九個能量中心都呈現空白的狀態，大家應該很清楚，為什麼他們天性如此敏感了吧。反映者是如此獨特，他們如此敏銳，所感受到的世界超越其餘的人所能想像。

反映者追求的是**愛的體驗**，而這與顯示者、生產者、投射者皆不同，他們渴望體驗這個世界百種滋味，渴望擁有各種不同層次的驚喜，生命本身就是驚喜，每一刻每一天每一個月都不盡相同，這不就是生命的神奇嗎？

❋

對反映者來說，最主要的負面情緒會是**失望**，失望的背後又是什麼呢？是因為不公平？還是有所遺憾？他們這麼敏感，每一天都隨著環境的轉換而改變，反映者眼中的世界是這麼不一樣，美麗與醜陋都真實顯現，這也就是為什麼他們可以成為最佳的仲裁，感性與理性都同步，限度超乎常人，敏銳與慈悲，失望與混亂，痛苦與平和……

他們可以清晰知曉人心創造世界的實像，每一天都在善與惡，光明與黑暗中迅速流轉變幻。反映者介入、關照、抽離、融入，與萬事萬物合而為一，失望來自愛，驚喜也來自愛。最完美的一天，是因為存在，萬事萬物都存在，然後一切是完美的，這是起點，也是終點，這是真實，這是愛。

❃

反映者的人生策略是要**等待二十八天再做決定**，二十八天是月亮運轉一周的週期，由於每一天月亮行至不同的位置，都會直接賦予反映者不同的影響與感受，所以，如果一個決定想了二十八天之後確定要做，才去做，就是反映者做決定的方式。

由於反映者是四種類型中最為罕見的族群，在我與國外連線上課學習人類圖的過程中，曾經有幸與一位來自紐西蘭的反映者同學當好朋友，她是克麗絲，我記得她常說自己一開始很羨慕其餘類型的同學，有很多資料很多知識可以參考，而反映者相對來說，祖師爺敘述的資訊就比較少，後來研究的資料也不多，但是我真的很喜歡聽她分享關於反映者時，從南半球的另一端線上，傳來她那優雅又具穿透性的聲調，每次她開始敘述自己的想法與意見時，角度總是這麼不同，同時還會有一種難以言喻的平和，無形中好撫慰人心。

我和克麗絲從第一階的課程開始，後來我們一路上在每一階段的課程，都是同班同學。她的敏感與善解人意，讓我記憶深刻，我還記得有一回我們兩人相約在線上，打算一起準備老師所指定的作業，那是後來念到第四階段，一整年的分析師課程。當時的我除了白天要照顧女兒，肚子裡還正懷著雙胞胎，在當時那個階段的人類圖作業如此繁重，身體的不適加上心理上的壓力，常常讓我不由自主感覺好挫敗，不願意放棄又覺得實在很辛苦，像是一個人孤獨行走在一條不見終點的長路，外表好勝硬撐著，內在卻脆弱得像是一碰就會碎成一地，徬徨不已。

❀

那一次與克麗絲連線討論功課，彼此輪流演練著，鈴達老師新教授的解讀技法，說著說著，突然一陣強烈的無力感來襲，我覺得自己宛如站在這個龐大無比的知識體系前，像是被五指山壓在最底端，僵硬而動彈不得，我愈努力愈覺得沉重，感到漫漫未來一片虛無，讓我忍不住在電腦的這一頭暗自崩潰，軟弱啜泣起來。

我說：「我沒有辦法繼續做這個作業，我的英文不夠好，我都不懂，這好難。」地球另一端沉默了，然後，克麗絲開口了，她說得緩慢卻好溫暖：「聽我說，你已經做得很好，我可以敏銳地感受你所做的一切，那麼，我要告訴你，我常常可以感受到你的用心，你的熱情，還有你每次做的作業，總讓我覺得很驚喜，你的英文一點問題也沒有，我們只是在學習的過程中，一切難免會有起伏，如果你願意，我們一起討論，再試一次，好不好？」

我的反映者同學溫柔如月光，與我為伴，鼓勵我再跨一步，再往前一步，這麼獨特的情誼只在線上交流著，兩個人從未真實相見，直到多年之後，當我們一起完成了人類圖七個階段的課程，兩個人都通過考試，正式成為合格的人類圖分析師，終於，那一年西班牙舉辦全球分析師年會裡，我們飛越千里，在西班牙第一眼就認出彼此。

我們快樂又感動地緊緊擁抱著，無需說一句話，那是第一次我真實感受到反映者的擁抱，原來真的像書上說的一樣，有種奇異的魔力，奇妙的穩定力量。

在《極地的呼喚》這本特別的書中，這段詩句讓我想到反映者，這就是清透如月光的，美好的反映者，平和地，與我們同在。

所有的溫暖夜晚，
在月光下安眠，
花上一生的歲月
將這月光放進你心中，
你馬上就會開始閃閃發亮，
將來有一天，
月亮應該會這麼想吧，
你才是月亮。

All the warm nights,
Sleep in the moonlight,
Keep letting it go into you,
Do this all your life,
And you will shine outward,
In old age,
The moon will think,
You are the moon.

（克里族印地安人 Cree Indian的詩）

你是什麼類型的人呢？來，請你戴上這頂人類圖的分類帽。

如果你是顯示者，請在你發揮強大影響力之前，別忘了「告知」周圍相關人等，你接下來的決定。

如果你是生產者，不管是純種生產者或是顯示生產者，別忘了，你人生中做決定的策略是：等待，回應，請好好聆聽你自己，薦骨的真實聲音。

如果你是投射者，請耐心等待正確的人認出你的才華，對的邀請會來臨。

如果你是反映者，記起你清澈透明如月光的本質，請等待自己經歷二十八天的週期，再做出最後的決定。

在相信任何知識之前，請務必親身體驗看看，當你遵從自己的策略來做決定，那會是什麼樣的體驗。書本的知識永遠只是書本的知識，若不能真正反覆去驗證到底是怎麼一回事，就無法真正了解，也不會體驗更深。

最適合學習人類圖的方式，並不是盲從，也不必輕易相信，而是不斷提升察覺能力，學習把自己看分明，懂得尊重自己，採用適合自己人類圖設計的方式來做決定。

第三章

祖師爺的使命

「你準備好要工作了嗎？」

這是人類圖體系誕生在地球的神奇時刻，也是「聲音」（The voice）與祖師爺開始交談的起點，「聲音」源源不絕傳遞人類圖的知識給祖師爺，要他寫下來。

＊

祖師爺究竟是怎麼樣的一個人？他如何研究出人類圖這套繁雜的體系？祖師爺很老嗎？他必定是個學者吧？這整個體系聽起來這麼酷又這樣複雜，包含西洋的占星、東方的易經、猶太教的卡巴拉、還有印度的脈輪……看起來又是如此科學與邏輯，怎麼可能有人這麼聰明，他是不是從小研究這些古老的神祕學嗎？不然怎麼可能學貫中西，鑑往知來，還是他老人家的腦容量超大，不然如何能窮一人之力，將這些古老的智慧巧妙緊密地編織融合，創新成人類圖，根本就是不可能的任務吧？

祖師爺的全名是 Ra Uru Hu，加拿大人，他在三十幾歲時開始一趟自我追尋之旅，獨自在歐洲旅行，最後行至西班牙 Ibiza 這個小島上，暫住在朋友的一座廢棄小屋裡，白天在學校教小朋友，還養了一隻大麥町犬，日出而作，日落而息，回歸最原始的生活。

有一天，當他回到自己獨居的小屋裡，看見門縫下透出耀眼的光，而大麥町突然狂吠不止，祖師爺很納悶，這道光究竟從何處來，一打開門，這道光自上方射下，將大麥町擊倒在地，接著他也被光重擊，全身開始脫水，生理感受到異常痛苦，這時候，突然聽見有一個聲音伴隨著光，在耳邊清楚對他說：你準備好要工作了嗎？

「你準備好要工作了嗎？」

這是人類圖體系誕生在地球的神奇時刻，也是「聲音」（The voice）與祖師爺開始交談的起點，「聲音」源源不絕傳遞人類圖的知識給祖師爺，要他寫下來。就這樣，他連續寫了七天七夜，寫下許許多多連當時的他也讀不懂的訊息，七天之後，祖師爺雖然整個人筋疲力竭，卻因此而留下這些非常珍貴，卻無人能懂如天書般的知識，而這也就是人類圖的起源。

一開始當我知道這整個體系，都是從祖師爺聽見奇妙的「聲音」而開始，內心產生一種極為複雜的感受。這代表的是，人類圖這一整個繁雜系統，起源自一個不知從何而來的超神祕力量，雖說世界宇宙之大，無奇不有，但是這個起源也太過玄妙，到底是可信不可信呢？

若從正面的角度來看，如此精密的設計與知識，或許也只有超越人為更高的力量，才得以具足智慧，整合出這一套與過往完全不同的創新體系。而祖師爺則是傳遞訊息的管道，透過他這個奇人，才能將人類圖傳遞到世界上來。但是，我承認本人非順民，這樣奧妙的起源，自另一個全然不同的角度來看，還是讓我不由自主感到憂慮，無法抑制不斷懷疑。我忍不住想著，搞不好祖師爺是個瘋子呢？如果他只是個身患妄想症，憑空捏造這一整套說法，那麼，好歹我也是受過高等教育的知識分子，難道我真的要投資自己這麼多時間，這麼多精力，並且準備將自己的生命與光陰皆投注在此，繼續拚命研究這門不知從何而來的知識嗎？

我滿腦的多疑與困惑，卻依舊無法停止內心想繼續學習人類圖的渴望。在學習成為人類圖分析師那三年半的時光，我獨自認真研究著，以我自己的步調與節奏，買了一本又一本與人類圖相關的原文教科書，然後再以緩慢的速度，一本又一本啃完它。除了循序漸進七階段的核心課程，每一季，當我的老師們在線上推出各式主題的工作坊，若是本人的薦骨有所回應，我就會讓自己義無反顧投入，熬夜上課，試著像拼圖一樣，搞懂這整個體系的來龍去脈，有時候覺得自己陷入一個巨型迷宮，也萌生想放棄的念頭，但是閉上眼睛，似乎總能感受到，前方會傳來遙遠而熱切的呼喚：如果願意信任，就放心向前行走，還不到放棄的時候，不要放棄。

有一回，我報名了祖師爺親自在線上授課的**輪迴交叉課程**。那真是一系列很棒很精采的課程，在這大輪軸上的每個輪迴交叉，各自代表著不同的角色，構成這繁華的大千世界，每個人都是重要的存在，缺一不可，每個輪迴交叉都像神話故事一般精采，充滿詩意，同時他也針對每個人的輪迴交叉，做了一對一更深入的探討與解釋。

❀

講到我的時候，祖師爺親自放上我的人類圖為範例，他笑著說，「啊，不預期的輪迴交叉。（Right Angle Cross of the Unexpected）。這個輪迴交叉是不預期的第四個版本，這樣的人將不預期地位處一個領導者的地位，致力發起或推動全新的風潮，影響更多人開始願意關懷，或找尋生命的目的與意義。」

「我們大家來看這張圖，這個人一直覺得自己活得很疏離，但是真的是這樣嗎？」

我突然內心一驚，有種被看透的驚訝。

他繼續說著：「這世界上聰明的人很多，但是聰明並不能解決你的疑惑，如果你願意信任，並非腦袋來找出人生的意義。你只要活著，依循你的內心，依循整體的運作，無法被預期的輪迴交叉，你很難明白，這趟人生的旅程，會帶你往多麼神奇的地方去。」

「你真的覺得自己是怪胎嗎？就因為那種難以被理解的孤獨感？」

「我告訴你，我一輩子都是怪胎，我可以跟你說，和別人不一樣沒什麼關係，孤獨裡頭有種生命本質的美麗，如果你接受自己就是這樣，找到你真正相信的，堅持下去，只要堅持下去喔，你會發現自己的生命開始綻放，你的分享會散發一股慷慨的能量，無私的，去探索，你無法想像自己的人生最後會走到什麼樣的程度。」

（祖師爺說到這裡，他笑了。）

「就像我從來也沒想過，我的人生會走到現在這樣。」

「生命很神奇，去經歷它。即使你以為自己是孤單的，沒關係，還是去經歷它，去探索看看，這會是一段多麼無法被預期的人生……」

他的話語蘊藏深厚的力量，傳遞至世界的另一端給我。靜靜坐在電腦面前，聽完他所說的話，眼淚忍不住掉下來。有些事情其實很難說出口，因為隱藏在很底層，是一種難以用言語說出的為難，很難被理解，也不知道如何被理解，有時候講出來，也覺得不合邏輯，卻是內心很真實的感受。

＊

生命究竟所為何來？

如果每一個靈魂來到這個世界上，都選擇了自己獨特的使命，你的使命會是什麼呢？

以人類圖的觀點來看，每個人來到這個世界上有其使命，而這個答案就藏在你的人類圖上那一行叫做輪迴交叉（Incarnation Cross）的敘述裡。不可思議？是呀，幾乎每個剛開始接觸人類圖的人，都不免對輪迴交叉這個主題非常著迷，我想如果做個全球人類圖社群大調查，輪迴交叉一定會高居「眾人最想知道排行榜」前三名。

輪迴交叉是什麼意思呢？

我很喜歡祖師爺對輪迴的解釋，輪迴交叉：是一個人的靈魂進入血肉之軀，開始體驗這趟人生的歷程。而這段旅程最終的目的與使命，其祕密就寫在你的輪迴交叉那行文字裡。想像，世界上所有人都圍成一個圓，組成一個巨大的輪軸，宛如夜幕半弧彎彎，這全世界的人皆化為閃亮繁星，依序前進，流轉進退，各自有各自的位置，各自有必須行經的軌道，我們像星辰一般各有其軌道，我有我的路，你也有你的，各個輪迴交叉重疊，交會之後又錯身而過，勾勒出不同生命各自核心的範疇。在這範疇底下，你與我都有各自的立場與方向，沒有意外，你與生俱來所擁有的天賦，還有你所面對的每一個人生課題，不是惡作劇，只是恰如其分地，讓我們得以順暢運轉，在原本所歸屬的位置上，演出這一場紅塵裡，名為人生的戲碼。

在人類圖的體系裡，輪迴交叉可以粗分為一百九十二種版本，但是每個版本加上各自不同的細項，能夠細膩延伸出來，解釋成七百六十八種角色。若是以輪迴交叉的角度深入探討，就能清晰看見你我本不同，既然我們來到這個世界上各有其任務，配備自然不相同，於是相互比較就變得完全不必要了。想想看，你如何能把橘子與西瓜拿來做比較？就像猩猩與鯨魚怎麼比？每個人的存在都有獨特的價值與意義，我們組成一個立體共存的體系，相互支持，相互拉鋸，相互學習，彼此同在，相互輝映。

祖師爺本人的輪迴交叉是號角（Left Angle Cross of the Clarion）- 講的是聲音響亮，振奮人心的小喇叭，這究竟是什麼意思呢？身為號角的輪迴交叉，其使命就是：與生俱來直覺的洞見與覺知，宛如響亮的號角聲，將對那些已經準備好的人當頭棒喝，帶來覺醒，帶來突變，帶來全新且深刻的啟發。

❀

從小到大，我一直覺得自己是非常疏離的，活著。

有一種無法被解釋的孤獨感，似乎我每天所苦惱的，在乎的，真正想做的，總是不太一樣，我一直掙扎著人生的意義，即使所有人都說，何必想這些呢？好好念書，好好考試，好好長大就好了。但是，我總覺得有些什麼應該不是這樣吧？我總覺得，如果人活著，一定有些什麼不同於平常的吃喝玩樂，值得終其一生去追尋的吧？

開始以人類圖的角度去理解，更深入了解到輪迴交叉的範疇，我開始懂了。不預期輪迴交叉，代表的是一生去經歷超越預期之外的體驗，以獨到的方式去追尋並確認自己存在的意義。生命的意義是非常個人的議題，透過這段追尋的過程，創造許多不預期的體驗，將會重新引發並影響更多生命開始蛻變，讓更多人也開始學習如何尊重自己，關懷自己，為自己重新找出定位與價值，找尋生命的意義。

為什麼當祖師爺闡述這個輪迴交叉的時候，我竟然不由自主在內心出現強烈的撼動感呢？那些忍不住在眼眶中積累著，而掉個不停的眼淚，又是關於什麼呢？或許在理智的層面，我並無法真正歸納這些話的意思，但是我的身體很清楚，我的心，可以完完全全感受它。

如果你對自己誠實，如果你準備好了，你會懂得，文字語言或音樂，字字句句，每個段落與章節，皆有獨特的振動頻率，每次感動的時候，必定是冥冥中這蘊藏的訊息，與你體內所設定的頻率相互共振，相互呼應。當一個人內在的真實被觸動了，淚水並不是悲傷，而是理解了，然後像一陣雨，洗去原本塵封的表面，再次感覺到真實的自己。心跳與呼吸之間，存在著，活著，是喜悅是解脫也是終於承認了，認出原本的自己。

所以當祖師爺開始講起每個輪迴交叉的使命，就像啟動了一扇大門，開啟了一個全新而神奇的國度，在這個範疇之中，他說：

「在人類圖的世界裡，沒有人的生命是殘缺的。
也沒有人註定一輩子會行不通、
也沒有人是壞的、糟的、爛的、又或是沉重不堪的。
在人類圖的世界裡沒有教條，也沒有所謂的道德規範，
你不會找到什麼好壞對錯，

只要允許自己去發現，
並且記得，每一個人都是如此獨一無二的存在，
只要你活出自己眞實的模樣，
很多事情其實並不重要，
一切就是如此完美，
只要你活出自己，
你就會明白，完美對你而言是什麼，
你會看見，自己的美。」

（Ra Uru Hu / Sedona, Arizona June 1997）

＊

每個輪迴交叉不僅獨特，還各自獨立又相互影響著，舉例來說：

有人的輪迴交叉是律法（Right Angle Cross of Law），你以為這些人專門來處理硬幫幫的法律條文嗎？非也非也，他們負責制定律法，而制定世間規則的第一條

規則，就是每條律法都可以改變。隨著人類進化演變，隨著物換星移世事變遷，律法包含了創意，容納了限制，找出全新的秩序，讓人與人懂得如何互動，相互尊重，有規則得以依循。

有人的輪迴交叉是愛之船（Right Angle Cross of the Vessel of Love），以人類的大愛為出發點，其存在就宛如諾亞方舟一般，足以承載各式各樣的人，容納寬容對待每個人的不同之處，順流而行，以愛將周圍的人環繞。

有人的輪迴交叉是個人主義（Left Angle Cross of Individualism），特立獨行，以非常獨一無二的方式存在著，這樣的人會以他們獨特堅定的方式，傳遞自己充滿直覺的覺知震撼你，無法被歸類，也很難被影響，有自己所相信的立場與主張。

有人的輪迴交叉是計畫（Right Angle Cross of Planning），這樣的人專注於細節與作法，願意付出，透過互利與合作以找出可運行的模式，確保自已所歸屬的家族部落得以安居。

有人的輪迴交叉是教育（Left Angle Cross of Education），教化眾人，尋找願意聆聽的人，進而透過言談，善用資源，引發全球化更大幅度的躍進與改變。

有人的輪迴交叉是滲透（Right Angle Cross of Penetration），充滿活力與熱忱，開創全新的作法，全新的思維以及全新的局面，引發更多人加入，向外擴張至新的領域。（我喜歡祖師爺的說法，在滲透的同時，為許多人開了一扇又一扇門。）

有人的輪迴交叉是療癒（Left Angle Cross of Healing），保持身體與心靈的健康，提倡生來要享受有品質的生活，對於身處掙扎與需要被療癒的人具有天生的敏感度，生來自己要被療癒或療癒他人，相信透過各種方式（包括醫療），人可以在愛中療癒。

有人的輪迴交叉是沉睡的鳳凰（Right Angle Cross of Sleeping Phoenix），透過學習與體驗愛與性的課題，累積豐富的智慧與經歷，浴火而重生，獲得蛻變與靈魂的覺醒。

有人的輪迴交叉是解釋（Right Angle Cross of Explanation），反覆解釋其獨特的洞見，溝通清楚為世人所知，才能引發創新，為這個世界帶來革命性的改變。

有人的輪迴交叉是統領（Right Angle Cross of Rulership），統領一方之領土，像是君王治理其國土，透過開創，拓展，教化子民，從歷史中學習，鞏固國土，讓所管轄的子民皆能安居立業。（根據我的研究，發現有很多這個輪迴交叉的人去做生意了，商場就是他們的戰場，公司的員工就是他們的子民。）

有人的輪迴交叉是預防（Left Angle of Prevention），這樣的人總是會看見那些行不通的地方，這是一種天賦，才能指引社會眾人事先調整行為與作法，不再重蹈覆轍。

有人的輪迴交叉是人面獅身（Right Angle Cross of Sphinx），這種人生來要好好發揮領導力，善於聆聽，鑑往知來找出接下來的趨勢，指引眾人未來的方向。

有人的輪迴交叉是伊甸園（Right Angle Cross of Eden），伊甸園的輪迴交叉，在生命中難免會遇到就像是亞當與夏娃吃了禁果之後，突然被丟出伊甸園的體驗。而這些豐富的生命起落讓他們能將以為失去的天真入詩入歌，或在哲學有獨特的體會，為這個世界帶來充滿愛的啟發。

有人的輪迴交叉是服務（Right Angle Cross of Service），服務的輪迴交叉非常有邏輯，非常實事求是，企圖找出錯誤行不通的地方，糾正它，這是源自於對人類的愛，要讓這個世界經由一次又一次的改進，成為更好的地方。

（以上是以非常簡化的形式，敘述其中幾個輪迴交叉，讓大家感受一下所謂輪迴交叉所勾勒出來的範疇為何，有關於其他輪迴交叉的簡短說明，建議大家可參照鈴達老師編著的人類圖教科書定本。若是你想更深入，可以找專業認證的分析師做個人的輪迴交叉解讀，也有關於輪迴交叉的專門教科書或錄音檔可以參考。）

＊

每一次，當我打開自己的筆記，重溫祖師爺上課的錄音檔，跟隨著他生動的聲調與敘述，一個輪迴交叉接著下一個，每個輪迴交叉隨著不同的人生角色，可以細分成更多元，更詳盡的人生故事。透過祖師爺溫暖而確定的音調，能深刻感受到他是如此用心，為每一款靈魂所選擇的人生使命，認真地打開了一扇扇全然不同的門，讓我們得以窺見各自通往其精采的人生道路。

就像鈴達老師說過的，祖師爺在傳遞這部分的人類圖知識時，是有所遲疑的，他很擔心大家知道自己的輪迴交叉之後，就會自動開始對號入座，以為這是一種註定或命定。但是真的不是這樣的，這世界上有多少人，終其一生沒有走上自己的靈魂道路，從未體驗過自己輪迴交叉的範疇。畢竟，生命不是一個要去解決的問題，而是一場要去活出的奧祕。如果沒有回到自己的內在權威與策略，在每個當下，在生命的轉折處，忠於自己做出正確的決定，所謂的輪迴交叉也不過就是一場虛幻的夢，與你又何干。

這個世界，所謂的整體，這裡頭寬大浩瀚包含了每一個人，就像唱一首歌，每一個音符都恰如其分落在對的位置上，沒有音符怎能成曲？若人生這場歷練，將會是許多人一齊編織成一匹華美的織錦，我們各自擁有獨特的顏色，缺了你，怎能織出鮮紅的絢麗，湛藍的奇幻，鮮黃的明亮？你沒有自己想得那麼渺小，更沒有你以為的那麼微不足道，事實是，這個世界如何能順暢運轉，若是沒有你，就不圓滿，就不成局。

*

祖師爺是一位嚴格的老師，也是一位認真的訊息傳授者。

他說，如果你走在自己正確的路上，沿路路標會顯現，對的事物會在對的時機點，遇上對的人，匯集到你的面前來。你會看見的，你一定會知道的，在那之前，每當找不到方向的時候，就問問自己，我這樣做有沒有為這個世界帶來美與和諧呢？如果有的話，這就是愛。

每次想到祖師爺的時候，就會讓我想起人類圖裡的46號閘門，這個閘門叫做Pushing Upward，呼應易經裡的第四十六卦，地風升。而他對46號閘門的教導是：

「愛的本質並不僅止於人們常常以爲的擁抱，親吻，對你的鄰居好，愛你的老師你的朋友或你的狗……如此而已，眞正的愛是：讓自己成爲創造過程中的一部分，接受並投降於自己原本的模樣，看到自己的美，唯有你眞正投降於自己的美，那麼單純就是你，存在於這個世界上，所散發出來能量場，就是愛。眞正的幸運來自於因緣具足（Serendipity）——對的時間點，到對的位置上，遇到對的人。只是在那之前，你得先做足所有該作的功課與努力。接下來，我們就可以去體驗這過程中的一切，這就是好運，這就是幸運，充滿各種可能性，我們活出全部的自己，並接受伴隨而來的每一個體驗，這就是生命。」

二〇一一年三月，祖師爺離開了這個世界，享年六十二歲。

＊

他去世的那一週，我們原本還在線上等待他來上課，那是一系列人類圖家族動力的課程，從不缺席的他，那天深夜意外缺席，我們等了又等，直到有人捎來訊息，說祖師爺身體不適，那堂課先取消，以後再補課，卻沒料到，要等他老人家補課，此生再也不可能。

祖師爺去世的前一晚，我做了一個夢，夢中出現一個成年男子的身影，沒有看見他的臉，只聽見他在夢中用英文對我說：剩下的留給你了，繼續做下去喔。接著，這個影子逐漸拉長的身影，往遠方光亮的地方走去，在很快的時間裡，就此神隱，不見蹤跡。

醒來的時候，我突然感到內在有種難以言喻的悲傷，沒有任何原因。當天，我仍舊繼續原本的行程開課，卻不由自主發覺眼淚不斷滴下來，是一種莫名傷心的情緒，寂靜而濃烈地，將我環繞。那一天惶惶然忙完一整天，回家打開電腦，竟然在國際人類圖的官網上，發現已經公布的惡訊，這才恍然大悟。

不是上個月才通了 email，我們還在討論他要不要飛來亞洲，幫助我推廣人類圖嗎？不是上禮拜連線上課，他還如往常般談笑風生，以獨到的黑色幽默，說著充滿他個人風格的笑話嗎？課程取消當晚，只覺得怪異，卻不知道，就此天人永隔。沒有人知道，原本只是感染一般腸胃炎的他會突然心臟病發，在西班牙 Ibiza 小島上，躺在他的老婆懷中，安然去世。

沒有人可預測到，沒有人願意，沒有人有辦法，就像人生中有很多事情就是這樣，不管多麼心有不甘，終究無能為力，我們就這樣，失去了他。

❀

二十餘年前，只有他一個人獨自站在西班牙的橄欖樹下，而如今人類圖的社群遍及全球各地。他說，有時候，你得有耐心一點，好好等待，做足自己該做的功課，讓渴望翻天覆地席捲成一股更大的力量，就像種子發芽成為大樹綠蔭滿布，長成它該有的模樣。

每次想到祖師爺，就會很感動，也很珍惜他過去奔走於美國以及歐洲諸國之間，城市接著城市，鄉鎮接著鄉鎮，剛開始只有他一個人，身為號角的輪迴交叉的顯示者，默默堅持不懈努力著，為準備好聆聽的人，帶來啟發，引發突變。當跟隨號角出現的人愈來愈多，而他的生命力是如此炙熱燃燒著，他與眾多人類圖老師們所建立的體系與社群，一日日茁壯成長著，順著號角的音調飛揚，意識層次的進化逐漸成為可能，讓更多人成為自己，成為創造本身，成為愛，成為暖陽，成為光，再影響更多更多的人。

祖師爺去世後，我還是不間斷地選修 IHDS 的進階課程。兩年後，有回與鈴達老師連線，我準備拿下可以認證第一階引導師的老師資格，我上完每堂課，也做完所有指定的相關作業，最後一堂課，我和她回想過去這幾年，突然間好懷念祖師爺，這時候，鈴達老師對我說：

「我們都很想念他，我依舊相信他還是與我們同在，如果他可以看見現在的你，看見你對人類圖的理解與體會，一定會跟我一樣以你為榮。你生來就會是一個很好的老師，要信任這本來就是你此生該做的事情。當你忠於自己，走在屬於你的正確軌道上，那麼，對的人會在對的時機點，與你相遇，成為你的學生。從今往後，如果你願意，當你開始培養更多更多人類圖的老師時，請你隨時隨地想想他，我相信他一定會在無形中，給你很多很多的力量。」

當她這樣說的時候，我在地球的這一端，螢幕的另一邊，突然眼眶一陣濕熱，老師慈祥的聲音，從地球的另一端，宛如暖流傳送到我的心裡。

祖師爺有他的使命，我也有我的，當然你也會有你的。

地球是一所好大好大的學校，每個靈魂來到這裡，除了貢獻自己的所長，也要學習相關的生命課題，每個人都有屬於自己的一段旅程，沿路有好多不可思議的風景，不可避免這條路途上一定會有掙扎，有困惑，有悲傷痛苦與快樂幸福相倚相依。不論如何，我相信祖師爺說的話，只要先忠實成為自己，路標必定會顯現，你一定會找到屬於自己的位置。然後你會知道，你正走在自己的道路上，體會到屬於你的，生命的意義。

第四章 非自己的混亂

這世界上絕大部分的人，花了絕大部分的時間與精力，執著於自己「不是的」——非自己。想一想，如果你長久以來被制約的非自己，其混亂狀態已經壓過一切，就像是開車上路，但是前方擋風玻璃塗滿厚厚一層泥沙，那你怎麼可能看得清前方的路呢？

天啊，「非自己」的我，該怎麼辦？

❀

愛因斯坦曾經說：「每個人都身懷天賦，但如果以會不會爬樹的能力來評斷一尾魚，終其一生只會覺得自己很愚蠢。」我常常覺得他說得很對，人啊，往往好容易將「是的」當成「不是的」，又將「不是的」當成「是的」，為此承受不必要的苦。

在人類圖的世界裡，我們常常提到學習人類圖是一段「**去制約**」的旅程（De-conditioning），什麼是制約？如何去制約？簡單來說，這過程就如同米開朗基羅將石頭裡的大衛釋放出來，石頭裡的大衛一直存在著，只要把那些不屬於大衛的部分拿掉，如神祇般美好的大衛，就此自然而然顯現在面前。

去制約之前，我想先講一個故事，關於我的「是的」與「不是的」。

在我二十四歲那年，從紐西蘭回台灣之後的第一份正職工作，是在某知名外商公司，擔任行銷企畫部門的儲備幹部。那一年，公司有三個行銷部門儲備幹部的名額，總共有數百張應徵函自四面八方飛來，經過數關面試再面試，我獲選為其中一個，覺得自己真是太好運，年輕人的傻氣很天真，自以為人生必定就此朝菁英的層次邁進，超級興奮，每天上班都充滿鬥志，就算加班到天荒地老，都還覺得甘之如飴，為此開心不已。

與我同梯進公司還有懿美，她大概就是我內心「行走在完美軌道上」的人生原型了吧。

懿美畢業於台灣最高學府，家境優渥，多才多藝，彈得一手好琴。若是這個人只有聰明也就罷了，她的個性也優，是本質善良的那類女生。總是笑容甜美，主動積極，秉持開放的心，樂於嘗試新事物，熱愛學習，更別提她的EQ超好，除了凡事考慮周全，待人處世圓融而溫暖，她總能在團隊中很快成為耀眼的領導者，不論多棘手的案子，似乎一交到她手上，就會自然而然優雅而順暢地進行。

相對於懿美，我的個性太有稜有角，脾氣還不時會失控一下。說好聽一點是很有個性，有自己的想法，充滿創意，其實也代表著我充滿著白目與不成熟的想法，一點都不社會化，一不小心就跳出框框，造成自己與別人的錯愕與驚嚇。

對於團隊服從，相互合作的工作型態，也不是不能，只是生來非順民的我，雖然很認真要自己鍛鍊成溫和而淡定的人，冷不防地，還是會莫名激動起來，不免惹麻煩又容易出包。就算表面上應對盡量合宜，內心還是會不斷反叛地想問為什麼為什麼為什麼？為什麼非得如此不可？當年決定錄取我的荷蘭老闆曾經私下對我說：「我對你的顧慮是，你太好奇太年輕也太有自己的想法，我不知道我們是否真的留得住你，但是企業裡需要有你這樣的人，注入新的火花，帶來新的刺激。」謝謝老闆對我的期待，只是在為企業帶來正向的火花與刺激之前，我這格格不入的異類，與團隊磨合與同化的過程中，不管對我或對周圍的工作同伴來說，並不好受。

我常常看著懿美，默默想著，她真是外商公司的員工年度評鑑表上，最理想的夢幻版模範生啊。再回頭看看自己，大概就是那種成績單上有科目不合格，內心莫名糾結一堆，沒事還想來個蹺課，最後乾脆逃課，甚至直接轉學的那種壞學生。

數年過去，懿美可預見地際遇順遂，在外商圈裡平步青雲，受公司重用長期培養，外派至英國日本，沒多久更是步步高昇，位居重位。她嫁給當初大學時代就是甜蜜班對的男友，兩人默契好感情也好，先生是青年才俊，創業有成，公婆明理又好溝通，疼她像自己的女兒一樣，沒多久兩人也有了愛的結晶，和樂融融。

而我呢，我離開原本外商品牌行銷的位置，以為自由無比的廣告業會比較適合我，嘗試之後卻發現現實與想像落差甚大，失望不已。時光飛逝，過了三十歲，就算當時的頭銜聽起來不賴，卻為了追尋人生意義，我決定離開這整個廣告行銷圈，一頭熱栽入身心靈教育訓練的行業裡，從頭開始，訓練自己成為課程的即席翻譯。後來又覺得應該回家帶小孩，當全職媽媽，只是又不滿意只是個全職媽媽，於是我又不安於室地，開始嘗試寫作、寫部落格，寫雜誌專欄，接著開始研讀人類圖……這一路走來，起落之間，老實說，在社會主流的價值的標準之下，自己像在這一條標準作業的生產線底下，格格不入，幾乎即將被剔除的不合格品，總覺得自己真是一事無成。

懿美和我依舊是好朋友，她總是能對我這充滿戲劇化的人生，提供中立而成熟的建議，只是我也愈來愈清楚，自己還是東闖西盪嘗試著，根本無法像她一樣，如此平和又理性地面對這個混亂世界。

我看著她，看著她旋轉划步如此順暢優雅的人生，耳邊似乎同步響起圓舞曲的背景配樂，忍不住內心默默萌生「行走在完美軌道上」的人物，想必就是這樣吧，我曾經試圖好好努力成為這樣的人，經實驗證明，就是三個字，做・不・到。

「不要比較啊，每個人總是不同的啊。」我跟自己喊話。

理智上我懂，但是情感與體驗上要離真正接受，真正接納卻是另外一回事。

❀

人總是想成為自己「不是的」，卻忽略了看見自己「是的」，我也很清楚這一切只是我自己上演的內心戲，與懿美根本無關。她代表源自我內在投射出來，一個離完美很近的標竿；她是我的黃金陰影，是我的非自己所衍生出來的比較之心，尾隨拖曳於身後一拖拉庫纏繞不散的陰影。

為什麼會比較？這其實源自於**制約**。

人是群居的動物，無法遺世獨居，獨立於一切而存在，成長與教養的過程，人為了逐漸適應社會，我們相互合作，相互影響，也難免相互牽制。透過文化、社會環境、教養模式、飲食、睡眠習慣……不可避免地，我們每一個人自生下來那一刻開始，即開始接收大量來自外在環境的影響，而形成制約。

如果整體制約的走向，比如說某些主流價值信念與行為，與原本個人的本性差距甚大，就很容易在適應的過程中，感受到一種違背自己本性的挫敗感，也有可能導致憤怒、苦澀、無力與失望。

學習人類圖的過程中，我開始研究我自己與懿美的人類圖設計，按圖索驥，像是無形中一步步巧妙地，引導我以不同的角度來看待這一切，慢慢解開原本糾纏的心結。我發現，懿美的本質本來就較偏向於團隊合作的人類圖設計，所以當她處於對的環境中（外商企業），其實並不需要扭轉自己的本性才能適應，她只要單純展現自己的特質，就可以表現得很好。但是相對來說，我這天生反叛、想挑戰權威與特立獨行的個性，在同樣的環境中，就容易感受到強烈被制約的負面情緒。

我的人類圖設計上也說明了，我很容易會把這些被制約的負面感受，內化為一連串非自己的對話，覺得自己真是不夠好。換句話說，當我又開始比較，覺得自己不夠好的時候，其實是因為我的人類圖設計上頭，因為受到制約（be conditioned）

而顯現出來的**非自己**（Not-self）。當一個人限於非自己的狀態下，苦苦執著於自己「不是的」，就會呈現負面的狀態，像是鬼打牆一樣繞圈圈走不出來，為此耗損無謂的精力，沒有活出真正的自己，要發揮自己的天賦才能，相對就變得困難。

❀

如何找到自己的非自己狀態？

很簡單，如果你打開自己的人類圖設計，會發現這張圖上有一些三角形、正方形、菱形等等九個區塊，這是人類圖體系裡所謂的**能量中心**（centers），九大能量中心源自印度的脈輪，每一個能量中心皆分別具備不同的功能，也各自對應不同的器官與身體部位。

你會注意到自己的人類圖設計上，有些能量中心塗上顏色（defined center），這代表著這個部分的你，是以固定並持續的方式運轉著，相對來說是穩定的，這是你的本性，定義了你是一個什麼樣的人。反之，那些空白的能量中心（not-definded center）部分，並不是你沒有或欠缺的部分，而是它們運作的方式並不持續，一旦接受來自外在的影響，就容易放大，以兩倍的強度顯現，而這樣的強度很容易造成許多混亂，容易失控。

學習人類圖的入門課程，一開始講述的是類型與九大能量中心。類型有四種，涵蓋了顯示者、生產者、投射者與反映者的差異，這決定了一個人的人生策略——正確做決定的方式。而九大能量中心，則是明確指出，哪些部分是屬於一個人天生而來的本質（有顏色的能量中心），哪些又是最容易接受外在的影響，最有可能被制約的領域（空白的能量中心）。每個人的空白中心不同，需要累積的人生智慧各異。換句話說，不同的空白能量中心，深陷非自己的狀態時，將各自產生截然不同的負面對話，出現的徵兆也大不相同。

請看看你的人類圖上，那九個能量中心，哪些是空白的呢？對照一下，你是不是一直深陷在屬於那個空白能量中心的非自己對話裡呢？

空白頭腦中心（Head）——一直不斷想那些無關緊要的事情，庸人自擾。

空白邏輯中心（Ajna）——收集各式各樣的知識，假裝自己很確定。

空白喉嚨中心（Throat）——試圖發起，以各種方式吸引注意力，比如說喋喋不休講個沒完。

空白愛與方向中心（G）——不斷尋找人生中的愛與方向。

空白意志力中心（Ego）——上了癮般不停地想證明自己，或改進自己，想變成一個更好的人。

空白薦骨中心（Sacral）——不懂夠了就是夠了，不知節制過度工作。

空白情緒中心（Solar Plexus）——避免衝突，不願意說出真話，只想取悅大家。

空白直覺中心（Spleen）——缺乏安全感，緊緊抓住對你不好的人事物，不敢放手。

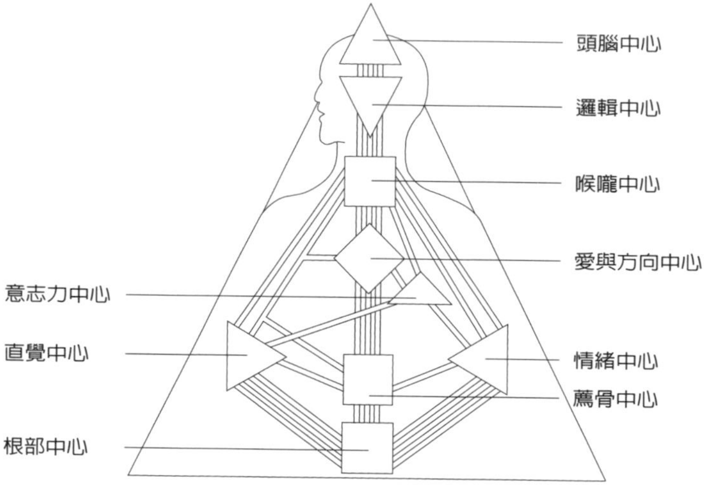

空白根部中心（Root）——匆匆忙忙不斷想從壓力中解脫。

舉例，當我檢視自己的人類圖設計，九個能量中心有六個是空白。當初我與國外連線上課上到這個部分的時候，在理論上並不難懂，但是當我回過頭來，印證這些空白中心的混亂與非自己，與自己人生中所發生的許多事件相對應，卻讓我沉思了好久好久。

首先，我把自己有顏色的區塊：薦骨、直覺與根部中心先摒除不看，再把本人其餘六個空白中心放在一起，當成一張檢查的清單，一條又一條，我檢視自己：

「我有沒有一直不斷想那些無關緊要的事情，庸人自擾？我有沒有收集各式各樣的知識，假裝自己很確定？我有沒有試圖發起，以各種方式吸引注意力？比如說喋喋不休講個沒完？我有沒有不斷尋找人生中的愛與方向？我有沒有上了癮般不停地想證明自己，或改進自己，想變成一個更好的人？我有沒有避免衝突，不願意說真話，只想取悅大家呢？」

看完這張清單，一目了然，這不就清楚講出了我的一生嗎？心知肚明，所有這些空白中心都以不同強度影響著我，不同的空白中心所製造的混亂，相互消長，彼此引發，彼此攻擊，宛如內在輪流上演的獨白小劇場，日夜喧鬧不休。

有一次，祖師爺上課的時候，針對我的設計，告訴我：「你知道嗎？這完全空白的意志力中心，讓你完完全全看不見自己真正的價值所在。」我沉默了，腦中那好大一段喋喋不休的混亂對話，似乎被澆了一大盆冰水，冷卻下來。

那瞬間，我有種被當頭棒喝的覺悟。

❀

長久以來，狠狠鞭策我苛責我，要我不斷努力認真進步的，就是我的人類圖設計上，那個非常空白，連一個閘門都沒有被啟動的空白意志力中心。

這是一個「我不夠好」的課題，這個區塊空白的人，總是上了癮般不停想證明自己，或改進自己，想變成一個更好的人。事實上，不管我做了多少，成就了些什麼，內心深處，我總覺得自己不夠好，常常感到自己沒什麼價值。

由此衍生出來的症頭就是：

「我最好隨時準備好要挑戰自己的極限，設定一堆目標，最好每個都要完成，如果不這樣做的話，我就完蛋了！我就會變成一個無用的人。所以，我要控制好，要勇敢，要不斷替自己打氣，這樣我才能感覺到自己是有價值的。我是好的，別人看到我的成績，才能看見我的價值。我要努力讓人家可以倚賴我，信賴我，我如果承諾了，並且做到了，大家就會覺得我好有價值。如果他們認為我可以做得到，我就更得證明自己不負眾望。好還要更好，不斷證明自己實在太重要了，只有這樣，我才算是一個好學生、好員工、好老闆、好人、好朋友、好太太與好媽媽啊！」

這完全解釋了我在生命中所選擇的行為，以及所面臨的困局，在非自己的層面是如此合理。

為什麼這麼多人一直苦於找不到自己？苦於無法走上屬於自己的靈魂道路？然後開始討厭自己，甚至憎恨自己？

簡單來說，如果你的空白中心開始陷入非自己的狀態中，你會發現自己開始鑽牛角尖，思慮拚命繞著迴圈，像小狗咬尾巴不停轉圈圈。換句人類圖體系的術語來說，這些空白的領域就是一個人最容易深陷非自己——深陷痛苦糾結掙扎挫敗憤怒……等等負面情緒的區塊。如果以電腦來做比喻，非自己的狀態就像電腦中了病毒程式一樣，導致不斷開機關機，卻無法執行任何作用。如果一個人呈現非自己的狀態，很容易深陷內在各式各樣負面的非自己對話，感到挫敗或恐懼，而無法做出正確的判斷與決定。

這世界上絕大部分的人，花了絕大部分的時間與精力，執著於自己「不是的」——**非自己**，想一想，如果你長久以來被制約的非自己，其混亂狀態已經壓過一切，狂妄猖獗，那就像是開車上路，但是前方擋風玻璃塗滿厚厚一層泥沙，那你怎麼可能看得清前方的路呢？

天啊，「非自己」的我，該怎麼辦？

❀

察覺是第一步。

提升自己的察覺能力，觀照自我的狀態，以及做每件事情的出發點，驅動我的究竟是什麼呢？是源自於創造之心？還是源自於這一連串的非自己對話呢？

第二步，學會轉換。

察覺這些空白中心的非自己混亂，並不是你，你要學習的是隱藏在這些混亂底下的人生智慧。

對於能量中心，祖師爺曾經說過一個很厲害的比喻：「你的人類圖設計上有顏色的能量中心，說明了你是一個什麼樣的學生，而那些空白的能量中心，則是你來到地球要去上的學校，裡頭蘊藏了你此生要學習的人生課題。」

雖然學習的過程中難免受苦，但是這些痛苦底層卻隱藏著巨大的人生智慧，等待著你，這些空白的區塊就像是美好的祝福，是你這輩子可以累積最多人生智慧的地方：

空白頭腦中心的智慧：開放接受新思維

空白邏輯中心的智慧：有彈性接受不同的邏輯

空白喉嚨中心的智慧：有潛質可以學會各種溝通方式

空白愛與方向中心的智慧：不再執著於我是誰，知道每個人的定位

空白意志力中心的智慧：真心欣賞每個人的價值

空白薦骨中心的智慧：放鬆，指導周圍的人如何工作
空白情緒中心的智慧：敏感體驗各種情緒，不需要為別人的情緒負責任
空白直覺中心的智慧：學習與恐懼／安全感相關的智慧
空白根部中心的智慧：享受與生俱來的平和

這一條人類圖學習之路，與其說是吸收人類圖的相關知識，還不如說是一段重新了解自己，提升察覺的去制約旅程。

步驟是：一開始會在腦袋理智上明白，然後漸漸地，愈來愈能夠察覺自己做每件事情的出發點，明白那些讓自己感到挫敗難過憤怒不爽的負面情緒，重點並非事件本身，也不全然來自別人，如果誠實回溯至最根源的非自己，有所察覺，才有可能做出不同以往的選擇，愈來愈清明，自非自己的迴圈脫離，開始有所不同。

而這去制約的過程，通常要花上七年的時間，由於一個人全身細胞整體更新一回的時間為七年，如果真正要把知識都內化至每個體內的細胞，至少需要七年，祖師爺認為，學習一門學問，不能僅止於腦袋理解，這是一段不斷不斷內化的過程。

這也就是為什麼，祖師爺所設立的正統人類圖體系，所培養出來的分析師，整個七階段課程念完，從頭到尾至少要花上三年半的時間才能完成。他老人家認為，一個人體內細胞更新一半以上，至少需要三年半的時間，這時候表示，不管是察覺力或感受力都已到達另一層次的清明。他老人家堅持，成為一個好的分析師不是只有知識層面的訓練，而是要能真正將所學實踐於生命中，經歷去制約的過程，逐漸褪去沉積以久的非自己，也唯有當你碰觸到真實的自己，整個人由內到外都準備好，如此一來，你的存在，你所說出來的話，不會只是知識層面的空談，才會真正有力量。

祖師爺說，常常有人會來問他，成為人類圖分析師，真的需要花上三年半的時間嗎？很多人說自己在開始接觸人類圖之前，曾經上過許多課程，曾經冥想靜心做過瑜珈，上窮碧落下黃泉以各種方式，去追隨各個靈性上師，找尋自己靈魂的道路，難道這些都不算嗎？我記得祖師爺的爽朗笑聲，他說過，我還寧願你從來沒有學習過任何東西，或許去制約的過程對你來說，還比較容易一些。

祖師爺這樣說，並不是傲慢，也不是認為人類圖優於任何學說，而是我們一生下來，就不斷不斷接受來自外界的影響。所謂的制約，講的是來自後天的教養，學校的教育，社會文化的薰陶，不是不好，也不都是負面，但是不見得符合每個人的本性。

如果你不清楚自己的本性，或是說，你不願意真正相信自己與生俱來的才能，那麼，日積月累來自於父母、教育與社會的影響，最後你就會變成別人想要你成為的模樣。而當一個人被制約得太久，連自己也混淆了，分不清楚什麼是真正的自己（true self）什麼又是非自己（not self）的時候，你就會感覺到自己很不快樂，生活得一點都不自在，對工作欠缺熱情，也找不到適合的對象，甚至開始討厭自己，痛恨自己……

學習人類圖，除了學習知識之外，最重要的是要開始提高察覺，開始去分辨什麼是來自外在的影響，什麼又是屬於非自己的混亂，練習時時刻刻都要回到自己的策略去做決定。慢慢的，再一次真正活出自己原來的本性。

這也就是為什麼，祖師爺以下所說的這段話，真讓人感動莫名：

「你只能愛自己原本的樣子。

你原本可以是怎樣的，你應該是怎樣的，或是將來會變成的，又或是應該要成爲的，甚至是別人認爲你應當是如何如何的……那些都不是你，所以你無法愛上那樣的自己。

如果你恨自己，其實大部分恨自己的人都恨上錯的人，他們並不知道自己原本是什麼樣的人，於是恨上那個被牢牢制約的自己，同時恨著周遭制約他的一切，他恨的並不是自己。

你唯一能找到愛的方式，是了解並清楚自己在每個當下的行爲，並且全然接受它。」

學習人類圖過程的第一步，就是要有自覺的，不斷不斷地認出那些屬於非自己的混亂，才能學習開始轉念，像是翻開人生暗藏的謎題似地，得到並體會其中隱藏的人生智慧，然後，才得以重新看見並認識，真正的自己。

下一次，當你的空白中心非自己的混亂又啟動了，當你又覺得自己陷落到生命的谷底，我會說，待在谷底並不是意外，這是宇宙安排讓你挖掘其中的人生智慧，你可以從中體悟到的是什麼？學習到有關於自己，關於這個世界的，又會是什麼呢？

與其慌張挫敗憤怒失望，別忘了抬頭仰望漫天星星多美麗，心轉念轉人生轉，沒有過不去的事情，只有需要學習的智慧，正等待你去體會。

這就是找到愛的方式，愛你自己。

第五章 跑一場人生版的馬拉松

我把婆婆的人類圖拿起來，開始仔細地研究她的人類圖設計：類型、有定義與空白的能量中心，同時，我詳細解讀著她的每一顆星星所落入的每個閘門，每條爻，我想以一雙全新的眼睛，去看待這個女人，去理解並且去體驗，眼前這一個獨特生命的智慧，還有她正在面對的種種難題。

成為人類圖分析師的路途，就像跑一場馬拉松。

一開始，換上慢跑鞋，穿上輕便衣物，滿懷欣喜興奮地上路了。體力充沛，充滿好奇心，什麼都新鮮，什麼都好玩，沿途無限好風光，這就是一開始前三個階段的課程：你的人生使用說明書（Living your Design）、天生我材必有用（Rave ABC）與人類圖全盤整合（Rave Cartography），這是設計給一般大眾用來學習人類圖的通用課程，以實用性的方式介紹人類圖的整體架構，容易上手，有趣，好玩。

然後，跑著跑著跑著，時間拉長，體力逐漸消耗。接著，心跳猛烈，呼吸開始急促，漸漸地，發現自己上氣不接下氣，肌肉開始痠痛，有一種疲於奔命的疲倦感襲來，是的，撞牆期就這樣悄悄到來。

第四階段的專業訓練課程PTL1（Professional Training Level 1）就是我學習人類圖這場馬拉松的大撞牆期。

祖師爺一開始設計這七個階段的課程，開宗明義就說了，第四階段並不是設計給一般消費大眾的運用課程。不管是費用、時間與精神的投入，都不容小覷，換個角度想，這就是一個最真實的考驗，考驗的是，你渴望成為專業分析師的承諾。

如果說類型與九大能量中心是人類圖體系的骨幹，那麼細分至**六十四個閘門**的特性，以及每個閘門底下**六條爻**的含意，就可以說是人類圖的血肉。而這一整年的課程就是讓學員可以專注學習易經六十四個卦，以及從每個卦延伸出來的三百八十四條爻，各自在人類圖體系裡所代表的含意。這裡所學習的易經與爻的含意，並不是僅限於中國傳統的註解，而是再進化的版本，人類圖巧妙地將易經與卡巴拉生命之樹融合在一起，並加入占星的元素。若是細細解讀每張人類圖上，每個人每個閘門所落入的爻，整合地去解讀這張人類圖，那麼這些眾多的資訊將重組，並活生生流動起來，完整傳達出一個人的生命故事。

不同於坊間的算命，人類圖無法預測你生命中會發生的諸多事件。因為我們相信每個人都是獨立自主的個體，每個人都有其自由意志，每個當下都可以重新做選擇，為自己做出最正確的決定。但是人類圖卻可以有邏輯地，為你明確勾勒出生命的範疇。畢竟，人生就是一連串的事件所組成，而事件本身是中立的，關鍵絕對不在事件本身，或是別人如何如何，而是你走這一遭，關於你的是什麼，要學習的課題是什麼，要體悟的智慧又是什麼呢？

❀

簡而言之，比如，有的人其人類圖設計上，每條爻的意思都與情緒有關，所以這一生這個人所經歷的諸多事件，都是以各種不同的層面巧妙協助他去體驗情緒的力量。如何不去壓抑自己的情緒，學習與情緒和平共存，進而開始把情緒化為創作的動力，為這個世界帶來更多美的藝術與創作，就是以爻的角度切入後，可以勾勒出來，清楚的生命範疇。

我也曾經解讀過一個人的人類圖設計，每條爻的意思都與家族的課題相關，所以她一輩子要去體驗的，都是關於「犧牲」的人生課題，一生中不斷碰觸到與家族情感相關的課題，真的不是意外。學習的重點並不是隱忍，更不是認命似的徹底犧牲下去，而是去了解自己每次都可以有意識去選擇。而犧牲與否，只是學習的過程，讓人可以區分，如何在家族的責任與尊重自己的需求之間取得平衡。

有些人的人類圖設計生來就是要協助別人成功，所以與生俱來具備找到錯誤，並且糾正的能力。但是更深入去看，這其中也帶出與尊重相關的課題，畢竟每個人都有權利為自己的生命做選擇。所以，協助並不代表可以無止境任意去介入別人的生命，揠苗助長只會讓狀況更糟。在這裡要學習的重要課題還有投降，意味著你只能盡可能盡心去服務，但同時尊重凡事還是有其成熟的時機點，投降於這世界上就是無法完美，而這也就是最完美的安排。

當一個人開始對自己的課題有更深入的自覺，或許就不會自動化地掉入莫名自責，或者自怨自艾的陷阱裡，也不必在一連串莫名其妙的迷惑，不斷不斷湧現出來的抗拒之中，虛度一生。

而這也就是專業的人類圖分析師要做的事情，不只是以人類圖的基礎架構去解讀，還要透過對每條爻的了解，去組裝、去體會，去發現每個爻與爻之間原來有些共同流動的意義，真實了解到坐在眼前的這個人，這一個活生生的生命，所選擇要經歷的生命課題是什麼。如此一來，個人解讀的深度才能真正顯現，而這個由人類圖展開，屬於每個人獨特的生命故事，就會開始變得很有層次，很多元，很動人。

＊

我喜歡文字，不管是英文或中文都非常非常喜歡，所以學習每條爻的過程，祖師爺敘述講解的詞藻華美，言詞華麗，同時文字之外也寓意深遠，聽他開講，單純就學習本身，就是非常享受的過程。教科書很厚，每個鬮門每條爻的知識淵博，祖師爺舉了很多例子。常常我讀了一整串，重點也畫了一整串，只是愈讀愈心虛，似懂非懂，感覺非常形而上，連我自己的人類圖設計上有的鬮門與爻，我都覺得難以全部理解，想著自己是不是人生歷練不夠，尚待體會。有時候一整頁看了好久，看了好幾遍，每個英文字都看懂了，不懂的也查了單字了，但是整個串起來，宛如身陷流沙，莫名膠著，無法快，也無法抽離，不研究不安心，認真卻也沒什麼用，若真要放棄又覺得不甘心，整個是一個鬼打牆的困局。

為求理解，課程進行的這段期間，充滿大大小小的作業與無數次的小組討論。當然，全程一定是以英文進行，因為全部的同學都是來自世界各國，我們來自不同的文化背景，大家認真研究著，每條爻都有許多各自表述的體會與討論，也常常針對某個閘門的定義爭論不休。每次當我上課的時候問鈴達老師，為什麼這個閘門會串那個閘門，為什麼這條爻的意思是這樣，那不就與另外一條爻相牴觸，好混淆呀？她盡可能解釋著，但是她的解釋往往也像隔著一層紗，我似乎窺見裡頭的脈絡，卻又不確定真的是這樣。

每次到最後，她總是溫柔地說：到最後，你就會懂了，一定會有那一天，你要有耐心，繼續念下去喔。

就這樣，我滿頭問號，邊念邊繼續與課本僵持著，常常感到無語問蒼天，這到底有什麼意義呢？然後，就像是命運的惡作劇似地，就在學習上最困難的時候，我竟然發現自己懷孕了，並且意外地這一次，我還懷上了一對雙胞胎，這件事情所帶來的衝擊就是，我的體力隨著孕程很快愈變愈差，注意力愈來愈無法集中，清醒的時數銳減，畢竟我需要更多時間好好休息，因為身體正承接著另一個更重要的工作。

我的PTL1同學們知道我懷了雙胞胎之後，個個都歡喜尖叫了！他們好開心，這是人類圖雙胞胎寶寶呢，每個人都好期待，我算算預產期差不多就落在這一整年PTL1結束的前後，換句話說，我整個孕程將與這一整年的課程完全交疊，逃也逃不掉，欲哭無淚，體力愈來愈爛，作業愈來愈多，就算懷孕懷了雙胞胎，作業並沒有優待，要交的還是不能不交呀，而且孕婦我愈來愈笨了，面對這堆積如山的教科書，看不完也看不懂，只能長吁短嘆，深陷黑暗的深淵，天天活在陰暗的負面能量山谷裡。

那段低潮的期間感覺很漫長，當時我常常覺得時間過得好快，但分分秒秒都停滯在我的心頭一般難捱，進退兩難好絕望，可能也是孕婦的荷爾蒙分泌瘋狂變化的緣故，我常常覺得自己好孤獨，好憂愁，對未來感到好不確定。常常好擔心，好煩惱，明明念人類圖原本是這麼快樂的一件事，還有懷孕不也是喜事一件，接下來我們都會歡天喜地迎接新生命到來，這些不都是我滿心期盼，向上天祈求想達成的心願嗎？但為什麼，當這兩件事情加在一起同時發生，我卻這麼恐懼自己的能力不足，為此感到如此困惑，焦躁，整個人感覺到疲於奔命，又力不從心。

有一回，鈴達老師上課的時候說：「每次感到憂鬱的時候，代表的是你的生命中，有些突變即將來臨了，憂鬱只是一種狀態，代表你正在準備接受它，你正在準備迎接一個全新蛻變的自己。」

我很想相信她，雖然當下最真實的，還是那濃得化不開的憂鬱與孤獨，無法被理解，無法被解決，執拗地將我環繞。

只是，我發現這次與過往人生不同的是，雖然我知道自己狀況不好，卻開始盡可能地為自己釐清區分，那些是屬於非自己狀態。換句話說，當我又開始攻擊自己，拉自己後腿的時候，可以有意識地跟自己喊暫停，我提醒自己想得更深一些，換個角度去看看，這些混亂底層要帶給我的人生智慧會是什麼，既然是這輩子我要來學習的課題，那麼其中的智慧，必定才是重點，值得我從中細細體會，從中精進。

我練習不斷告訴自己說，如果這是我要跑的一場馬拉松，就算沒辦法像以往飛毛腿似的跑得那麼快，這並不代表我不夠好，就算最後根本跑不動，都沒關係，不能用跑的就用走的，以我的節奏，以我的步伐，一步一步走下去，能走多久是多久，能走多遠是多遠，就算慢也沒關係。

我安慰自己，行遠必自邇，腦袋裡混亂的思緒所滋生的顧慮與擔心，只是很單純地，讓我更警覺，但這並不等於是實相，如果我放任自己在這裡停滯了，放棄了，那就永遠看不見終點了。所以，趁清醒的時候，還有體力的時候，與其不斷懷疑自己而變得更沮喪，還不如實際點，多看一頁書吧。

只要體力允許，只要讓我再回到人類圖的世界裡，靜下來，仔細研究人類圖的知識與學問，總會為我帶來不可思議的滿足感。六十四個閘門每條爻的演變與進化，宛如是整體的人類進化史，而且，我後來想到一個很好的方法，能讓我有機會更加了解每條爻真正的意思。

❀

這個方法就是，每個人的人類圖上頭，都會有兩個欄位，一欄是黑色的字體，上頭寫了Personality（**個性**），另一欄則是紅色的字體，上頭寫了Design（**設計**），然後兩個欄位上面分別標明了十三種不同星星的符號，符號旁邊，各自有相對應的數字。（請對照本書最前面的拉頁）

這代表的是什麼意思呢？

首先，讓我們先解釋一下不同星星符號旁邊的相對應數字，每個數字代表的就是易經的那個卦，而小數點後的那個數字，則是代表是那個卦的第幾條爻，舉例來說，1.3代表的是易經的第一卦（乾卦）的第三條爻，28.6代表的是易經的第二十八卦（澤風大過卦）的第六條爻，所以這就清楚代表了每顆星星落在哪一卦的哪一條爻上頭。在人類圖的世界裡，我們將每個卦稱之為閘門，每個閘門都各自代表不同的特質，而每個閘門下的每條爻，則對於這個閘門的特質做出更明確的區分，並且深入闡述有這條爻的人，此生要體悟的某些重要人生議題。

那麼，黑色的個性那一欄，與紅色的設計那一欄，又代表什麼意思呢？黑色字體那一欄代表的是你有意識到的特質，就是自己認知到的自己。而紅色字體那一欄，則是代表你的潛意識，也就是在意識層面並沒有察覺到，卻在行動中不斷展現出來。這些特質，旁觀者清，別人可以看你看得很清楚，這部分的特質可能一開始你並沒有察覺，卻可以隨著年紀增長，回頭檢視自己的行為與別人的回饋，愈來愈理解自己。

我明白每條爻的含意深遠，唯有深入研究並懂得三百八十條爻的含意，還要不斷的操練，才可以服務更多人。所以，我的學習計畫就是，我盡可能收集了上百張親朋好友的人類圖設計，然後根據每個人所落在的閘門與爻，輸入excel表格，列表統計。

❀

每一次當我讀到某條爻，然後又霧煞煞，丈二金剛摸不著頭腦的時候，我就會對照我的人類圖爻的統計大網絡，找出誰有這條爻，最好是落在黑色的那一欄，這代表他對自己這個特質是有察覺的，那麼我就可以立刻撥電話給他，實際訪問一下，擁有這條爻是什麼樣的體驗、感受或經歷，大家可以聊聊相互交流一下。如果對方這條爻的落點是在紅色那一欄，那麼我就會以一個旁觀者的角度，回想他過去行為的種種，去思考其中的關連性。

就這樣，這個非常實際的學習實驗，讓那些原本對我而言是艱深的，難懂的爻的說明文字，搖身一變，變得非常親和，容易理解。無形中，也改變了我對周圍朋友的看法，人類圖的資訊協助我跳脫自己狹窄的觀點，帶領我與對方站在一起，重新去看見，如果一個人是基於這樣的價值觀去看待世界時，他所看見的，會是什麼樣的風景。

這像是打開一扇扇全新的大門，可以順利地走進別人的生命裡，看見每個人存在的範疇是如何與我的截然不同，讓我不僅看見每個人在表面上的行為，還能以更深入，更不同以往的角度去理解對方。當以這樣的角度切入時，每一次的交談，都是很美的過程，這讓我能更深刻去體驗到不同的人，不同的生命可能很難說出口，連自己都不知道要如何以言語來說明，那些深藏在底層的真正意圖，以及關於這個人的人生，難以為外人理解，爭戰不休的掙扎。

這段過程讓我獲益良多，其中有一件很關鍵的事，就是我終於開始以不同的角度來理解我的婆婆，這也讓我與她原本僵化的關係有個新的開始，一點一滴開始轉變。

❀

我婆婆是一個非常傳統的台灣女性，她很善良，很熱情也很熱心，雖然目不識丁，卻全心全意把所有的精神與重心，都放在照顧家裡大大小小身上。她最在意的就是祖先、傳統規範、孩子、孫子、家族、媳婦……等等，恰巧都是標榜所謂新生代女性的我本人，完全不在意的事。加上我老公是家中么兒，而大伯那房並沒有生出男孫，所以自從我們結婚之後，婆婆滿心期待的就是我會快點懷孕。傳承香火，就是她心心念念難以放下的牽掛。不僅要生，最好還要一舉得男，這代表著家族會有新血，她才能放心，才能跟祖宗交代。所以，不管是暗示或明示或所謂善意的提醒，她總是耳提面命，認真催促我們生小孩。

她的善意，在當初我的耳中，解讀成食古不化的傳統。

加上當我們發現第一胎生的是女孩的時候，她毫不掩飾的失望，並立刻勉勵我沒關係，一定要再接再厲再生第二胎。某個程度來說，真是傷了我的心。後來，她從高雄的大伯家搬來與我們同住，這原本是她想就近照顧家人的方式，卻更讓我覺得原本的生活被過度干預，充滿限制，加上她有很多情緒，常常動不動就因為公公或者家中其他人的緣故，開始為了很多事情而心情不好。我深深受苦於無法以語言溝通的世代鴻溝，開始覺得非常不耐煩，愈來愈無奈，而對彼此的抗拒，壓抑下來的憤怒與挫敗感，也讓我們的關係愈來愈差，也愈來愈疏離。

有一回，我們起了很嚴重的爭執，就在我幾乎絕望到想放棄了，我想來想去，真的很好奇她究竟是一個什麼樣的人？除了她是我婆婆這個身分之外，除了她莫名的要求與期待之外，我到底有沒有真正認識她呢？我眼中所看見的，讓我苦惱的她，不斷在內心衍生出抗拒的她，會不會根本不是她生命的全貌？會不會這不過是我自己的投射，有沒有可能是，她的存在只是巧妙喚醒了我過往內心的陰影，提醒我，是時候了，有些人生課題，我已經可以開始成熟地去面對，去學習呢？

於是，我把婆婆的人類圖拿起來，開始仔細地研究：類型、有定義與空白的能量中心。同時，我詳細解讀著她的每一顆星星所落入的每個閘門，每條爻，我想以一雙全新的眼睛，去看待這個女人，去理解並且去體驗，眼前這一個獨特生命的智慧，還有她正在面對的種種難題。我跟自己說，誰知道呢，先卸下「婆婆」這個頭銜，只是單純地，欣賞一個生命在我面前展開的姿態。如果我能懂得她，或許有一天會真心喜歡她，改善我們的關係，如果還是無法真心喜歡，那我也可以開始學習，以一個全新的角度去尊重她。

愈研究愈發覺，自己並不見得真正認識這張人類圖裡的她，這讓我很驚訝。

❀

簡而言之，如果以我婆婆的人類圖來看，她是一個極度纖細敏感的人。她有能力讓別人在最短的時間內卸下心防，對於自己所堅持的事情不會輕易放棄，她有很浪漫很夢幻的那一面，對愛情充滿許多想像與期待。對人生她總是有自己的主張，她追求的是效率而非完美。她考慮的從來不是實質上的物質條件，也沒有什麼事先規畫的企圖，她認為只要去做去碰撞，撞久了也會有一條路出來。雖然行動力是她的強項，但她總是太急，由於缺乏耐性的結果，往往孤注一擲，反而容易把事情搞砸。

事實上，她根本不想被照顧，只想照顧別人，尤其是照顧她的兒女們。她視傳承下一代為重要的任務，但是內心其實也有矛盾與糾結的那一面，常常胡思亂想恐懼著，自己會不會有一天被遺棄，會不會因為家族而失去她的自由，為此所困。即使她愛家裡的每一個人，卻又極度恐懼自己是不是哪裡做得不夠多，不夠好，她認為自己應該要更付出，更操控（讓每個人聽她的話）、更勇敢，以更多更強烈的行動去保護大家。但這個世界日新月異，愈來愈多她無法涉入與無法理解的一切，內心因而有說不出口的挫敗與憤怒，為此感覺到自己活得愈來愈沉重與貧乏。

❀

如果以爻的角度來說，其中有一個她這輩子要學習的重要課題：「樹大分支，若要讓家族真正興旺，學會在對的時機點放手是必要的。注意到，分離並不代表決裂，而是家族衍生愈來愈大，開枝散葉的必經過程。」

看到這裡，我似乎可以開始理解，她常常動不動要來一下與公公的爭執，還有與我們的爭辯，那些別人眼中看來或許是雞毛蒜皮的小事，卻是她心中正在默默確認自己是否真正被愛著，被珍惜著。而發脾氣、吼叫、憤怒與眼淚背後，真正的心聲，並不是真正想得到我們鉅細靡遺的照料，因為她也熱愛自由，可以自己好好照顧自己，但同時，她是如此纖細地感受著周遭的一切，她只想找到各式各樣的線索，好去確認自己是被愛著，被需要著，而這也就是她的設計中對愛的定義。

我常常對她想控制的傾向感到生氣，卻從來沒想過這是源自於她恐懼自己做得不夠多，不夠好；我因為她的缺乏耐性而感覺到壓力，卻沒思考過，她埋怨全世界的人動作太慢，並不是她生性挑剔，而是即知即行是她與生俱來的態度與能力。她真的無法理解為什麼對她來說很容易的事情，對別人可能要花很長的時間，甚至難如登天。另外，我對於她很多事情還沒想周全，就急著去做，而感到恐慌，覺得太不穩當，卻忽略了這是她認為碰撞沒什麼大不了的，從挫敗中學習，就是她做事情的方式。而重男輕女，剛好不幸地，是她自小承襲的價值觀，自我的無價值感，也是她一輩子正在面對的課題，而重男輕女不過是順應她所接觸的環境中，屬於文化層面的制約所產生的影響。面對文化的洪流，我們每個人或多或少屈服了，我又何必自己對號入座，認為她鼓勵我生第二胎就等於是攻擊我的肚皮不爭氣，為此而感到不堪、生氣或沮喪呢？

❀

另外，對於樹大分支這件事情，也確實是她不斷為此悲傷受苦的課題。由於她從高雄搬上台北，一邊是大兒子，一邊是小兒子，都是兒子，其實早就各自成家，有各自的生活。我的婆婆卻常常遺憾地怨嘆，為什麼她無法天天同時與兩個兒子相見。之前無法理解的我，常常忍不住在內心懷疑，這是不是她意有所指，拐個彎覺得身為媳婦的我做得還不夠好，不夠多。原來，她也只是在經歷她的生命過程。而支持她最好的方式，並不是對抗她，改變她，或者強力試圖想把一切都修理好，而是尊重每個生命有其過程要經歷，有其課題要學習。

我們只要在旁邊支持她，愛她就好了。

愛，說起來好容易。但是，為什麼做起來很困難，為什麼無法去愛，往往並不是沒有愛，而是因為無知。當我們無法理解也無法懂得對方的處境，為了先保護自己，很容易選擇先把愛封閉起來，以為這樣比較安全，其實只是讓生命愈活愈枯竭，愈來愈挫敗，關係也愈來愈乾涸。

我看著婆婆的人類圖，理解之後，慢慢地，開始有很多放下，很多釋懷。

❀

超越表面的行為與爭執，我明白真正的重點，並不在於她是對的我是錯的，或者我是對的她是錯的，而是我和她原本就是截然不同的個體，我們各自有各自看待事物的方式，除了原本與生俱來的設計不同，後天的文化、教育與長成的時代，也相去何啻十萬八千里。

如果真的看懂她的生命所運作的範疇，從負責任的角度來看待這一切，我的痛苦並不是真正源自於她，而是來自於我自己內在的對抗。我不願意接受她原本的模樣，是我不斷不斷想以我內心理想的標準去要求她，抵抗她，同時想改變她。但是，如果可以，接受她就是她，那麼我的心，或許才有機會重新去珍惜，或者真正去看見她的好。

回頭看看我這個人的設計，我是這麼好強，異常執拗地總想以自己的方式，去克服甚至對抗看不順眼的一切。從爻的設計來看，我有一個關鍵的人生課題是：「授權。適宜地分配責任。」因為我總想什麼事情都自己來，而我這過度追求完美的傾向，總是以一個無比高的標準來要求自己，也要求別人。嘗試錯誤對我著實是個伸展，所以到最後就會造成，不管在工作或私人的領域裡，我早已養成什麼事情都一肩扛起來的習慣，沒有空間接受別人的支持。好強，不想授權，也不覺得有任何人可以幫到我，更不願意承認自己會有軟弱的那一面。

於是，生命也終究必須在某個關頭，讓我狠狠撞壁，才能讓這麼頑固的我，真正體驗並學會屬於我自己的生命課題。

首先我的婆婆出現了，她表達愛的方式，在我眼中是不斷涉入，於是我強烈地抗拒。只是這次不同的是，我無法像離職一樣離開，也無法結束與她的關係，因為她是我的婆婆。這段生命的關連性緊緊將我們連結在一起，無法逃脫也不能逃避，最後我只好把關係搞得異常疏離。然後，正當我頑固地以為，反正我還是什麼都靠自己就成了，卻沒想到懷了雙胞胎的身體，讓我異常虛弱，力不從心。除了身體之外，我的內心是如此恐懼與焦慮，害怕自己無法照顧周全。早已習慣全部事情都一手包辦自己來的我，根本無法看見接受協助的可能性。就算周圍有人有資源可供運用，還是忍不住兀自陷入黑暗的深淵，擔心所有即將發生的一切，恐懼未知，第一次感覺到自己異常地孤立無援。

❀

我還記得，婆婆知道我懷了雙胞胎的消息之後，親自打電話給我，把之前我們之間的不愉快與情緒放在一旁，她溫柔地對我說：

「別擔心，我們是一家人，我一定會幫你，如果擔心錢，大家可以一起省一起度過。如果小孩子要跟我們，一定會自己帶糧草來。媽媽幫你，人生沒有什麼過不了的事，不要擔心，你就安心把雙胞胎生下來就好了。」

我在電話另一頭，沒說話，只是默默流著淚。淚水洗滌了我堅硬的好強，也洗滌了各自的心，緩慢地，我們開始重建一段新的婆媳關係。

我練習開放自己，開始心平氣和地練習跟婆婆溝通。首先，我鼓起勇氣，盡可能以我不輪轉的台語，與她解釋她的人類圖設計。我告訴她，我或許是錯的，但是我真心想了解她，所以我想與她分享，以人類圖的角度來看，我能夠理解的她是什麼模樣。

她聽我說著說著，時而開心地像小女孩似的，並表示她其實內心有很多想法，不知道要怎麼跟別人說，正如我講的這樣。她時而回想起過往歲月的辛酸，忍不住拉著我的手，講著講著就潸然淚下，她訴說著她的想望，她的委屈與無奈，還有她想付出的愛。

我也坦然與她分享我的夢想，我真正想做的事情是什麼。我告訴她，就算懷孕，就算很累，就算有小孩很忙碌，我還是想半夜起來念書。我渴望把人類圖學會，我想把這個體系帶到亞洲來，讓更多人可以因此了解自己，活出自己，擁有更好的關係。我希望她可以理解我，支持我，協助我。

那個午後，我們說了好久好久，我講，她聽，她講，我聽。外頭一片陽光燦爛，我們婆媳兩個人，彷彿站在光陰的河流裡，把原本的武裝與捍衛都卸下，第一次，超越傳統的身分，我們只是兩個女人，打開心門，看見彼此，原本的模樣。

最後，她微笑點頭告訴我：「媽媽一定會支持你。你要加油。」

我婆婆從此之後，成為一股穩固的保護與支持的力量，她是我最扎實的後盾。我們之間似乎跨越了一道巨大的鴻溝，真正走進彼此的世界裡，學習怎麼相處，怎麼和平共存，這過程並不容易，但是很美，很動人，很值得也很珍貴。

我也真實體驗到，這世界並不是沒有愛，也永遠不缺乏愛，會傷人的只是無知與誤解，關鍵是我們有沒有意願去了解對方，有沒有找到愛的途徑，讓彼此都能表達，得以接受到彼此的愛。

接著，就在專業訓練課程PTL1（Professional Training Level 1）的最後三個月，某一天，當我又拖著大腹便便的身體，如老牛拖車般一如往常，在桌前努力想讀懂教科書上的文字。突然，那一瞬間，像是已經在黑暗中踽踽獨行許久的我，突然看見洞穴遙遠的那一端，出現了微微的光亮。然後我迫不及待往前奔去，那光亮愈來愈大，愈來愈廣闊，直到我眼前充滿了光，溫柔並溫暖地，將我整個人整顆心都環繞。

我突然懂了，也領會了，我讀懂了，也讀通了。原來這三百八十條爻整體串起來的內容，層層疊疊，其鋪陳，其架構，精密相互影響引發的關聯性。像是突破了馬拉松式黑暗的撞牆期，突然被釋放了，身體變得好輕盈，好自由。

那一刻，就像是突然間靈光一閃，無法言喻的清明。之後再讀著書上的每一段文字，一切都開始變得好清晰，像是經過這麼長久的努力與醞釀，有一道神奇的門，終於為我敞開了。像是體內某些舊有的部分融化了，有些新的智慧加進來。我花了時間和精神，極其緩慢地重新在內在整合起來。於是，這些原本如天書般的文字，開始愉悅地對我說話，而我也有能力可以聽懂了，我終於懂得鈴達老師所說的：有一天，你會讀懂的。

每一段憂鬱困頓的時光，都只是蛻變的前置期，這一切都在準備你，淬鍊你，成為一個全新的自己。

如有神助般，我完成了這個原本我以為不可能完成的任務，我交了每一個作業，完成了每一次小組的討論，上完了每一堂課，念完每一頁書，緩慢穩健地，終於迎向這一整年馬拉松的終點。

就在雙胞胎出生的前一個禮拜，我順利上完了這一整年課程的最後一堂課。離分析師的終點愈來愈近，每一步都充滿感謝，一路走來，我愈來愈能感受到愛、平和與喜悅，也終於明白，當你真心渴望某樣東西時，整個宇宙都會聯合起來幫你完成，原來落實在真實人生裡，是這樣的意思，這樣無比奇妙的體驗。

第六章

有通沒有通？你的天賦通了沒？

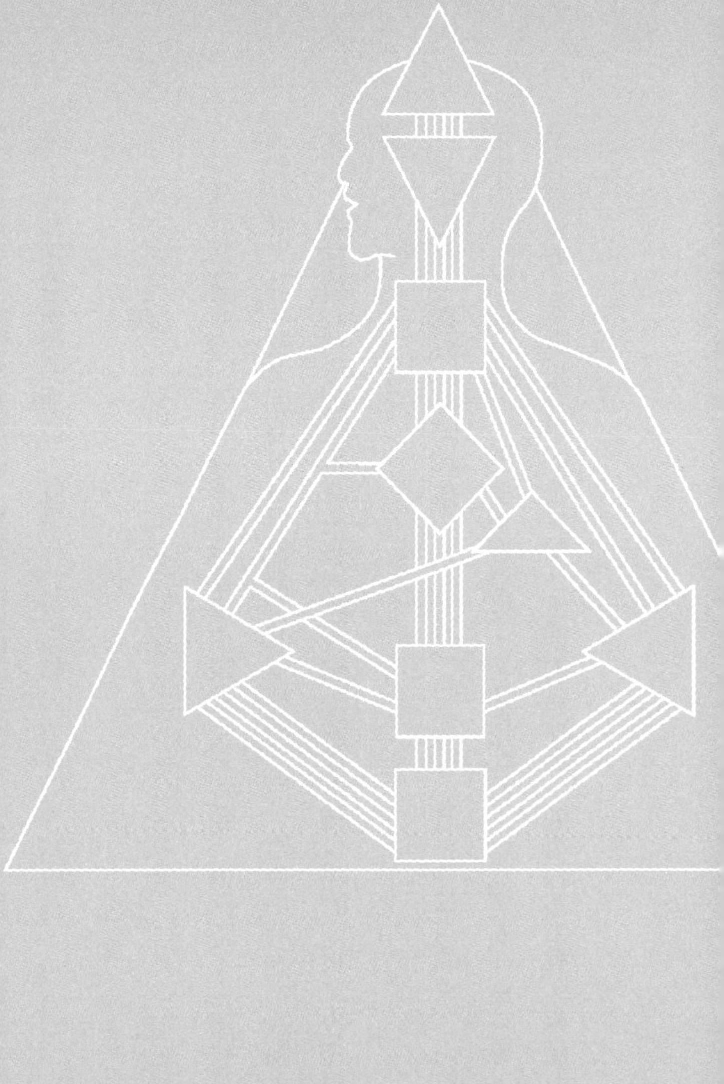

你的特質（通道）定義了你是一個什麼樣的人，也決定了你是以什麼樣的角度來過濾這個世界，自然而然會產生某種層面的限制。如果懂得自己的通道是什麼，也知道別人的通道是什麼，那麼，所謂的同理心，使我們終於能夠明白並接納自己、尊重別人。

你的天賦是什麼？

李白說的沒錯，天生我材必有用。但是我們要先知道，自己的天生我材在哪裡。接著，該好好思考的就是如何把這與生俱來的一身好功夫，用得淋漓盡致，用得盡其在我，活得無怨無悔。想知道自己的天賦是什麼？告訴你一個超級讚的好消息，人類圖體系裡的通道，就是你的生命動力，你的天賦所在。

❀

我有四條通道，每條通道都多多少少讓我吃到苦頭，但同時，也讓我享受到極大的好處，為什麼？因為每條通道都有其獨特的功能，不會用的話自誤誤人，暴殄天物，若是用對地方就會化身為美妙的祝福，讓你實踐自己的同時，也造福整個世界。

比如說，我有一條困頓掙扎（28-38）的通道。有這條通道的人，由於底層總是不由自主恐懼自己的人生會不會虛度，苦苦掙扎於人生究竟有什麼意義，什麼才是有意義的？我真正在乎的是什麼？重要的是什麼，如果搞不清楚人生所為何來，無法找到值得為此奮鬥的可能，那麼，就算表面上活得很不錯，在別人眼中什麼都不缺，內心還是會不由自主隱隱作痛，有種無法解釋的失落與空虛感。

我還記得那一天，從國外訂購的原文通道教科書終於到手，迫不及待，第一次打開書，開始對照自己所擁有的通道，緊張又興奮的心情好澎湃，幾乎能聽見自己砰砰的心跳聲，宛如揭曉天書，終於！可以知曉本人與生俱來，老天爺賞飯吃的飯碗，究竟是長什麼模樣，我滿懷期待仔細閱讀著通道的解釋內容，當我讀完這條叫作什麼困頓掙扎的通道時，真有一種想翻桌的衝動。

我當然很清楚自己有這種愛掙扎的癮頭，過往從小到大，我非常清楚自己無法「師出無名」，無法單純從眾，無法輕易順從，也無法簡單順應這世界多數人認為本應如此的規範。我並不認為這是我天生叛逆反骨，而是我必須知道為什麼。為什麼非如此不可？我要知道這道理從何而來，同時還要考慮這對我來說，有何意義。

不論選擇做與不做，我需要一個讓自己心悅誠服的答案，那答案得直指我內心深處，與本人存在的價值相呼應，如果人生真要承諾些什麼，那麼我要承諾的，必得讓我真正感受到心跳加快，血液澎湃。否則，何必浪費精神浪費生命浪費彼此的時間，何必去做呢？

這也就是為什麼，從小到大，我無法單純念書考試，以聯考的成績為依歸，我總會忍不住質疑這聯考究竟有什麼意義，我念的這些科目又有什麼意義。「是否有意義」這個議題，讓我掙扎，甚至空轉，也讓我的爸媽異常苦惱，不懂看似聰明的我，為什麼就是無法直接挑一條世俗價值觀皆認同的平順道路，專挑那些會吃苦又不討好的事情，自己奮戰糾結個沒完。鑽牛角尖是內在最大的執念，無法放手，無法讓步，最後綁手綁腳，搞得不管前進後退皆為難。

這也就是為什麼，當我發現困頓掙扎竟然是我的天賦時，我不見得喜歡，我其實有點生氣。內心小劇場的戲碼可是演得盛大無比，我大聲問蒼天：所以，老天爺！這竟然是我的天賦？有沒有搞錯？這不就是長久以來最折磨我的內心戲？這不就是我爸媽從小到大認為我最難被管教的個性？這不就是我一直以為自己要努力改進的缺點？這不就是我不夠圓融、不夠平順、不夠豁達、不夠平和的最終癥結，不是嗎？不是嗎？不是嗎？再說，這又是什麼爛天賦，枉費我期待了這麼久，渴望掙扎了這麼久，這就是我與生俱來的天賦禮物？祢這樣對嗎？有沒有搞錯呀。

但是我也必須承認，在那奇妙的瞬間，當我明白這令人討厭，又總是擺脫不去的困頓掙扎竟是成立的，矛盾地，我也感受到那長久以來難以解釋，也難被理解的痛苦，似乎就此被認得了，有種身在黑暗隧道裡歲月悠長，卻不預期在那最遠最遠的盡頭處，出現了一絲光亮，讓人領悟到原來出口是確實存在的。突然之間，湧現得以喘口氣的感受，雖然糾結依舊，到底要如何釋放尚未可知，內在卻開始萌生了，不同以往的想望。

❀

上課的時候，鈴達老師說，三十六條通道分屬不同迴路，不同的類別有其不同的特性，每條通道皆息息相關，串聯成這世界運行的動力。比如說，有些通道屬於社會合作系列，有些則與守護家族的功用息息相關，有些則是關於獨善其身，人類求生存的本能。接著，她點出了困頓掙扎這條通道並不屬於以上這些類別，它屬於個體人系列，這樣的通道底層蘊藏著創意、更新以及突變產生的可能性。

靈光一閃，她點醒了我，如果能以更宏觀的角度來看這條通道，暫且放下自以為不幸的執念，或許，才得以看見這條通道截然不同的風光。

人類的歷史是一段不斷進化的過程，如果把每個人匯集在一起，我們各自身上所具備的通道，就像是大大小小不同形態的齒輪與螺絲，相互組裝，相互配合，讓這個龐大的進化體系得以順暢不間斷地運轉下去。如果有這樣的體認，那麼世界上無人是孤島，就不會是浮華的誇飾語法，而是真實地，在底層，我們以知曉或不可知的方式，分別以各種不同的形式存在著。不管你沒有認知到，也不管你願不願意，我們在一起，組合成整體，這個世界每一個人皆以不可思議的方式相互依賴，緊密相連。

這一條困頓掙扎的通道，在整體裡代表著一股質疑的力量，為什麼問「為什麼」如此重要？道理就在於隨著進化與環境變遷，許多既定的規範需要重新再調整，汰舊與更新，是不可避免的趨勢。那麼，總得走到某個關頭，要有人先開始願意並勇敢地站出來，發出質疑：若我們繼續這樣做，是最適宜的方式嗎？這一切有意義嗎？如果有意義，我們可以繼續維持現況，如果沒有，那麼我們得要換個方式，因為各位，改變的時刻已經到來。

別忘了，人性不想改變，若一個人要化為這股率先質疑的原動力，內在必得具備異常強韌的特質，自然無法，也不應從眾。帶著人生會不會就此虛度的恐懼，才能讓人更敏銳，帶著高度的察覺，不斷追尋對自己來說無比重要的「意義」。

一旦找到了，所有的困頓掙扎就會立刻提升至更高的層次，這股動力就會轉化為強大的頑固與堅持，化不可能為可能，為這個世界帶來蛻變性的思維與作法，讓奇蹟得以發生。

❀

這讓我想到當初自己十九歲的時候，隻身跑到紐西蘭念書。原本在台灣念高中時，英文程度爛到要補考差點留級的我，為了想探索全新的世界，突然體認到將英文念懂，真是太有意義了。我突然多出源源不絕的動力，勇敢開口講英文，日夜死記活背單字，拚命融入當地生活，在短短半年之內，英文聽力寫作能力竟大幅提升，一年之後直接通過當地大學的入學考試。後來，還鍛鍊自己成為中英文的即席口譯，我想如果當時我的高中英文老師知道了，必定認為這是個不折不扣的奇蹟吧。

念與不念，其中的區分在於有沒有意義。

在台灣，如果只是為了聯考搏高分，實在無法說服自己去學習，直到身處異鄉，我突然強烈湧現一定要把英文讀懂的渴望，那是因為我終於了解到，語言能力只是橋梁，英文是一把重要的鑰匙，可以為我打開一整個全新的西方世界，可以品嚐到截然不同的文化與思維，這實在太有意義，也太迷人了。因為有意義，所以原本我內心對念英文莫名的抗拒，就自然而然消失了，對自己真正有意義的事情並不好找，一旦找到了，字典裡其他的字眼都消失了，只剩下頑固兩個字。

而我的頑固，不也就如此巧妙地，成為動力與燃料，驅動我在人類圖這條追尋之路上，不斷往前奔馳嗎？就算在別人的眼中，視之為唐吉訶德般的愚蠢與堅持，都無法動搖我想繼續走下去的心意。因為我知道把人類圖帶到亞洲來，讓更多人能夠更加了解自己，愛自己，同時與周圍的人創造全新的關係，就是此生對我來說最有意義的事情，一旦上路，再也無法輕言放棄。

❀

如何找到你的天賦？你有哪些通道呢？

在人類圖裡頭，九個能量中心之間相互連結的那些像水管一樣的條狀物，源自於猶太教的卡巴拉生命之樹，稱之為**通道**（Channels），人類圖體系裡頭總共有三十六條通道，每條通道都代表不同種類的天賦，各自有不同的功能，不同的用處。如果你看見自己的那張人類圖上頭，一條通道的兩端數字都被圈起來，這就代表接連這條通道兩端的閘門都同時被啟動了。所以，當整條通道塗滿顏色，就代表這條通道呈現啟動的狀態，每條通道都代表一股持續的生命動力，這就是你與生俱來，一輩子可以學習好好運用的天賦才能。

像是強迫症一樣的，比較是天性。每個人一開始拿到自己的人類圖，就會迫不及待想數數看自己有幾條通道，自動自發開始比較起來，似乎多條就賺到了，少的話就虧大了。然後一比完通道的數量，又忍不住斤斤計較，開始研究起每條通道的優勝劣敗，看看自己的，再看看別人的。有的人沾沾自喜，有的人恍然大悟，有的人深感遺憾，有的覺得人世間真是不公平，哎呀！

請你在了解通道之前，超越比較的範疇。

每個人都是獨一無二的，你所擁有的通道，不管你認為是多條還是少條，事實上都是最好的安排，每個人都有其人生使命（輪迴交叉），要走的路皆不相同，所以你獲得的配備（通道）對你而言必定是足夠的，而每個人此生要學習與鍛鍊的人生課題（空白中心的混亂）也大不相同，各有個別的道路，各有各自的體會，又要從何比較起呢？

你的通道組成你個人獨特的生命動力，一個發揮自己生命動力的人，自然而然就會散發出魅力與存在感，讓人無法忽略其存在。

比如說，美國總統歐巴馬就只有一條通道：夢想家的通道（情感充沛，充滿能量的設計）。當他領導眾人看見一個更崇高的理想時，就足以發揮強大的影響力。畢卡索總共有兩條通道：抽象的通道（腦袋中不斷跑畫面的設計）與架構的通道

（天才到瘋子的設計），所以他將腦中的畫面重組之後，以天才近乎瘋狂的方式來展現，改變了整體人類對美的觀感。對於通道來說，重點永遠不在量多，而在有沒有真真切切徹底發揮出來。

以人類圖的觀點，了解各式各樣的天賦，練習以不同的切入點，重新認識自己，重新認識周圍的人，就能開始對這個世界產生不同的觀感。我開始思考日常生活中所遇到的人，為什麼會有某些舉動，或做出某些決定，他們可能會有什麼樣的通道呢？

放下既定是非對錯的評斷，若單純地先理解他們所看見的世界如何運轉，如何與我的世界天差地別，每個人皆活在自己所認知的實相之中，真正的問題或癥結，永遠不在別人身上，而是反映出關於我自己，我還無法以寬闊胸懷去接納的，會是什麼呢？

＊

比如說，那些看起來總是不斷地吹毛求疵，一板一眼，有著完美主義傾向的人，極有可能他的人類圖設計上頭，就是有那麼一條批評的通道（18-58），這條通道是源於對整體人類的愛與喜悅，捨不得有人過得不好，所以想找出環境中行不通的錯誤，糾正之後，讓這個世界變成一個更美更好的地方。（很美，對不對？）

比如說，有些人莫名就是好勝心強，忍不住想比較，想爭個高下，讓與之相處的人不由自主就會感到壓力好大，這可能是他們的人類圖設計上頭，有一條發現的通道（46-29，爭強好勝的設計）：全心全意投入去體驗去經歷，這段人生的道路就是一段發現的旅程。所以呀，那爭強好勝背後，其實代表的是一個人不輕言放棄，每個當下全力以赴的驅動力。

比如說，有些人的情緒好豐富，今天哭明天笑，現在狂喜待會憤怒，情緒高低起伏充滿戲劇化，狂風暴雨似地毫無道理可言。這可能是他們的人類圖設計上頭，有一條多愁善感憂鬱的通道（39-55），這讓他們對情緒非常敏銳。情緒對這樣的人來說，就像紅酒之於品酒師，可以品出不同款的葡萄品種、年份、產區，可以感受到土壤與空氣的濕氣賦予酒本身所醞釀的氣息，獨一無二，意境悠遠。有這條通道的人常被情緒化所苦，殊不知這股情緒的動力，賜與靈魂層次多麼豐富的創造力，足以成詩成歌，將憂鬱化為旋律，帶領我們進入另一個奇幻又精采絕倫的藝術世界。（好棒，是不是？）當我偏執地將對方歸類為一個情緒化的瘋子前，有沒有可能只是我沒看見，一個正深深禁錮自己的靈魂，無處可退也無路可去，還沒學會如何將天賦化為藝術的形式來表達。也許，眼前的瘋子，其實是個還沒被看見的創作鬼才？

比如說，有些人的思考模式好跳躍，說話也好跳躍，時而語出驚人，時而雞同鴨講。先不管合不合時宜，會不會讓人覺得尷尬，溝通因此障礙重重，與之共事變得相對困難。這樣的人很有可能有一條架構的通道（43-23）。這是天才到瘋子的設計，可以跳脫既定的框架思考，所以看似不合邏輯，其實下一步，可能會出現的就是藍海策略，得以改變整體運作的架構，徹底顛覆了既定的遊戲規則，所以我們才能更進化更進步，看見與以往截然不同的可能。

比如說，有著即知即行這條通道（34-20）的人執行力一流，行動力驚人，與他們一起工作很過癮。相對的，他們也常常讓人措手不及，由於過於衝動並專注在行動中，往往一開始也沒有耐性讓對方把話說完，就急急忙忙投入其中，所以心急就容易亂，而亂中就容易出錯，因為貪快而把事情搞砸，不夠仔細圓融。

＊

一體兩面，這三十六條通道都各有其特性，當然也各有其限制。祖師爺說過：「你所擅長的，同時也是限制住你的所在。」這道理很好懂，你的特質（通道）定義了你是一個什麼樣的人，也決定了你是以什麼樣的角度來過濾這個世界，自然而然會產生某種層面的限制。如果懂得自己的通道是什麼，也知道別人的通道是什麼，那麼，所謂的同理心，是我們終於能夠明白並接納：

基於每個人擅長的並不相同，我可以學習接納真正的自己，同時也明白，對方眼中所見，內心所想，與我的世界本就大不相同。或許無法同意，但至少能以更高的層次去理解，是的，這世界每個人就是不相同，而尊重，是必要的。

長久一來，我們的教育體制總是訓練我們去看自己不足的地方，以補強出發，不斷地找尋自己哪裡有問題（What's wrong with you?），到最後，只會造成每個人一直想成為自己「不是的」，不斷羨慕嫉妒別人所有的，卻忘了看見自己，無法珍惜自己的長處（What's right for you.），更沒辦法真正成為自己「是的」，如果繼續這樣下去，如果我們忘了尊重與看見每個人的獨特性，不斷要將每個人壓抑成固定制式的模樣，只是製造出更多憤怒與挫敗還有苦澀罷了，若是天生我材無法用，那會是一個多麼令人遺憾惋惜的黑暗世界。

解決之道，你只要做自己就好了。

我們可以學習去創造一個新的世界，夠大也夠寬廣，足以包容各式各樣特質的人，我們學會尊重彼此，讓每個人都能將自己展現出來，貢獻獨特的力量。
你可以看見嗎？那會是一個多麼美麗的世界。

第七章

喊出名字一瞬間

如果能夠再一次，清楚看見真正的自己，做出區分，像是終於有了解答，有了明確的咒語，帶領我們實際超越那些困住自己信念，找到內在怪獸真實的姓名，那瞬間，就可以指著牠們，大聲說：怪獸，我看見你了！

❀

在古老魔法的世界裡，流傳一個古老的傳說，若一名巫師要制伏怪獸，只有一個方法，那就是不管這巫師內心有多麼恐懼，就算生死一瞬間，自己極有可能被怪獸摧毀，都要找出牠的名字。唯有面對面，真實認出這股黑暗的力量，找到怪獸的名字，然後，體驗你的畏懼，也與自身的勇敢同在，大聲地，義無反顧，高喊出怪獸的名字。

那一瞬間，與怪獸面對面，喊出來。

收服怪獸的唯一方法，是勇敢面對，指認並做出區分。當你真實地，認出那屬於黑暗的本質與原貌，那隻原本充滿野性想攻擊你的怪獸，人人害怕所謂巨大的邪惡力量，那一秒，那一瞬間，將立即煙消雲散。

而你，將再一次完整地，拿回屬於自己的力量。

我喜歡這個傳說，我總感覺內心住著一拖拉庫大小怪獸。年輕時，我跟牠們不太熟，牠們常常出來搗亂，出來搞鬼，出來嚇唬我，抓住我，阻止我，而我只會頑強近乎愚蠢地，拚命壓抑牠們，抗拒牠們，甚至否認牠們的存在。我與怪獸狂野纏鬥，無法休兵，憤怒對抗並恣意交戰著，不斷往返。我以為只要以暴制暴，強者恆強，盲目用盡力氣，宛如用布蒙住了雙眼，卻沒料到節節敗退，只落得身上傷痕累累，挫敗失望又疲倦難耐。

我原本以為只能獨自一人，孤獨地，不斷不斷進行這場似乎永無止境的戰役。沒想到，在二十九歲那一天，宇宙溫柔應允了我，因緣際會，啟動了命運之輪，在某個偽裝成平凡無奇的人生片刻，為我帶來了翻天覆地的改變。

❀

在遇見人類圖體系前，我的生命中大概有將近十年的時間，不管是在自我成長、學習與工作各個層面，都與「體驗式課程」（Experiential learning）息息相關，起始於體驗式課程，一直到與人類圖相遇，對我的生命來說，是一條前後相連的自我成長路徑。

二十九歲那一年，我正在一家大型的外商廣告公司上班。那年冬天，有一天，我的工作夥伴阿德突然像被什麼邪靈附身似地，跳脫原本安靜害羞的個性，變得異常興奮熱情（怪異）。他滿懷熱忱告訴我，他去上了一個所謂五天的「基本課程」，突然有超多不同以往的體會，他覺得自己好正面，充滿希望，打算要迎向自己的夢想，什麼都不驚。他帶著十足鼓舞（瘋狂）的語氣，告訴我，他真的很希望我去上課，他希望把這個特別的禮物送給我，但是我得自己付學費，如果我信任他，請去上課……等等，這樣非常類似恐怖直銷體系的話語。

我真的很擔心他。

我說好。我答應阿德會去參加介紹課程的相關講座，他好開心好開心好開心，我則在內心默默想著他實在病得不輕，看來這一次，我得深入賊區去拯救他才行。

出乎我的意料之外地，我不僅聽了那場介紹課程的講座，在阿德滿心期盼的雙眼注視下，我決定不入虎穴，焉得虎子，本人必定得更深入了解，才能知道這到底是在搞什麼鬼，當場我相當有義氣（盲目）報名了那堂號稱好神奇的基本課程。

誰也沒料到，在很短的時間內，我不僅上完了基本，還迅速上了高級，走完第三階段的領袖行動課程，搖身一變我也變身好正面好積極好熱情，勸說周圍的親朋好友去上課，在我上完溯源課程，外加各類工作坊，還欲罷不能繼續訓練自己成為課程中的即席翻譯。而接下來我生命中寶貴的十年，不僅徹底在本人原以為的賊區被同化，自己還成為其中最狂熱的一員。

❀

什麼是體驗式課程？

簡而言之，那是一連串在課堂裡以模擬劇場的模式，創造新的體驗，來引導學員更了解自己的課程。這一系列課程的設計包含許多體驗式的練習，這些精心設計的練習，將神奇地，在教室裡化成生命各個不同階段的縮影，讓每個人有機會真實體驗自己的思維、情緒與感官，透過與講師的互動還有學員之間的分享，得以穿越那些困住自己的核心議題。

若要總結體驗式課程教會我的是什麼，我會說，它傳遞出一個極關鍵的核心概念：你是一個什麼樣的人。

換言之，人生表面上看來的困局（Having—你現在實際上所擁有的現況），往往來自於之前選擇做或不做的行為（Doing—你的種種決定），而做決定的依據，來自原本根深柢固的信念與想法（Being—你的態度，你的特質，你是一個什麼樣的人）。要先成為自己，活出每一個美好的特質，才會去做正確的事情，在生命中擁有你渴望的結果。

我對體驗式課程有說不出的濃烈情感。那十年，體驗式課程像是一個強大的磁鐵，緊緊地吸引著我。一步接著一步，讓我單純從學生，充滿熱情選擇回去服務，成為義工，然後不斷以各種不同方式參與其中，成為課程的專職翻譯，累積翻譯的經驗至近百場的課程。甚至到最後，讓我奮不顧身，尾隨我所尊敬的Keith Bentz老師，義無反顧加入他所主導的講師培訓班，渴望有一天自己會成為未來的講師。

我永遠記得自己在某階段課程中的某一個時刻，透過講師的帶領，內心強烈被撞擊，那震撼的力量，穿越所有表面的偽裝與煙霧，直指生命核心的關鍵轉折點。

「所以，你是一個什麼樣的人？」

Keith Bentz 老師雙眼篤定地看著我，不管那時的我已經淚流滿面，無處躲藏，他絲毫沒打算讓我輕易混過去，因為他知道，我就是為此而來，這一刻，全世界寂靜無聲似乎再也無人存在，只剩他，還有我的心跳聲，真實面對的是我生命中最核心的課題。

「貢獻。」輕輕說出答案，毫無遲疑，卻忍不住哽咽。

❀

「你要記得，這就是答案。」他堅定的語調，我一輩子也忘不了。他看著我，直視靈魂般銳利，也像陽光般和煦溫暖，對著我，他講了以下一段話，深刻烙印在我的心裡：

你是一個有能力的女人，我知道你身上具備一位講師的所有特質，只是你自己對此還有懷疑。我知道現在的你，站在這裡，你必須穿越許多恐懼，要有很大的勇氣，這就是考驗。這一路我知道你曾經掙扎，對自己有很大的懷疑，我想告訴你，我看見你的內心深處，眞正成爲講師的理由，那是因爲你眞的有很深的渴望，想去觸碰更多更多的心靈，即使表面上你裝作不怎麼在乎，好像人生在你眼中只是一場好玩熱鬧的派對，但是我眞的看見你，我收到你的承諾，你的在乎，我明白你的出發點，是爲了別人，並非爲了自己，這就是你表達愛的方式。

你一直以爲自己的強處在於堅強與強悍，其實，你一直弄錯了，你最大的力量，來自你的柔軟與同理心，還有對這世界上的人，慈悲的胸懷。

有一天，當你可以活得很坦蕩，願意展現自己的脆弱，對你，那才是眞正的勇敢，你才擁有了自己最大的力量。

這是當年在課程中，眞實上演的一幕，Keith Bentz 老師對我所說的話像是一股強烈而堅定的電流，流過我全身上下每一個細胞，而從那裡開始，蛻變的種子開始萌芽，日漸茁壯，不管事隔多少年，那場對談每一次想起，依舊讓我心中無限感動，忍不住紅了眼眶。

如夢一場，卻是無比真實的生命體驗。

❀

這一系列體驗式課程改變了我的生命，人生無法重來，或許如果當初沒上課，可能也會出現別的事件，讓我的人生大轉彎。但是，無論如何，我真的很慶幸當初的我，選擇走進了那間基本課程教室。現在看來，若沒有那十年體驗式課程帶給我的淬鍊，宛如清澈的流水天上來，洗滌了那原本塵封的我，徹底顛覆我底層的信念，讓我有機會去看見真實的自己。穿越假象之後，面對面，我承認了，也學習到，投降於內心所向，逐漸願意去接納自己是一個什麼樣的人。

像是巫師終於可以正視眼前黑暗的力量，察覺到我可以，從內而外，開始湧現足夠的勇氣去面對。對自己坦誠，對於過往自我設限的迴圈，看得愈來愈清明。雖然我還不知道該怎麼做，又或是前方的道路究竟在哪裡，雖然我不見得知道那一整群怪獸的名字，但是我似乎已經走在路上了。

那麼，後來究竟發生了什麼事？為什麼後來我會選擇人類圖，而沒有繼續體驗式課程的講師之路呢？

在我完成 **Keith Bentz** 老師的講師培訓班之後，下一步的學徒計畫，就是要跟隨師父在不同的城市裡飛來飛去，不間斷地上課程，進教室，不斷練習，不斷操練，直到被師父認證合格為正式的講師為止，但是這時候的我，卻選擇暫停在這裡，我決定不再繼續往前走了。

❀

原因有很多，但最主要的因素是我的身體做了選擇。

當時我懷孕五個月，那是第一胎。那天下午，我望著眼前令我無比尊敬的老師，一方面感覺到難以啟齒，一方面卻也清楚知道，平常身體實屬勇健的我，卻在懷孕之後有了很多變化，除了隨著孕程進展，精神與體力皆愈來愈虛弱，另外我還顧慮到當孩子出生之後，我想提供給她一個什麼樣的成長環境，我想和她創造出怎麼樣的關係？左思右想，我知道這一次的決定，是我真正想做的事情。

「我決定接下來這段日子，選擇和我的孩子在一起。」我說，邊說邊忍不住眼眶含淚，「我不想一邊懷孕一邊到處飛行，我也不想因為自己要不斷進教室操練，而錯過她正在成長的時光。」Keith 老師微笑了，他慈祥地看著我，知我懂我者如他，對於我所做的決定，他並沒有表現出太大的驚訝，他淡定地問我：

「你知道當一個講師，真正要學習的是什麼嗎？」

我強忍著淚水，默默搖搖頭。

「投降。」他的語氣認真。

「其實，這也是人生要教會我們每個人的事情。」他看著我的眼睛，「我一直在想，要如何教你，怎麼樣才能讓你學會投降呢？後來我想到兩種方式：我們可以在教室裡拚命演練，拚命對你這個人開工，但是這樣的路會很痛苦。另一種方式，我個人認為也會是最好的方式，就是讓生命來教會你。而孩子，會是你最好的老師。」

我點點頭，頻頻拭淚。

他告訴我，孩子永遠會是對的選擇，他完全能夠理解我，以一個過來人的經驗，當時的他並沒有選擇這個選項，回頭再看，卻是心中長遠的缺憾。我緊緊擁抱了他，這位改變了我一生的老師，不知道為什麼，在那一刻，無人道別，我心中卻莫名地，湧現一股了然於心的感傷。似乎我明白了，也收到了，我與Keith老師的緣分，在此暫時告一段落。我永遠會尊他敬他為我的師父，但同時，人生這條路行經至此，他也已經盡其所能教會我所能學會的，而接下來的，就看我自己了。

聚合與離散之間，各人有各人的一條路，我們都持續以獨特的方式，走在愈來愈了解自己的路途上。就在我選擇成為全職媽媽那幾年，Keith Bentz 老師也逐漸將他訓練課程的工作重心轉至南美洲，我們依舊保持聯絡，相見的次數卻愈來愈少。

❀

回溯當初走進基本課程，表面上看來，是淺薄的我，自以為是想拯救那看似誤入歧途的阿德，若再深入潛意識裡最底層，我最想拯救的，會不會是那個在社會既定的文化洪流裡，愈來愈迷惑，愈來愈恐懼沉淪麻木到看不清楚的自己呢？每一次選擇走進教室裡，不管是什麼樣的課程，並不是意外，我相信，浩瀚的宇宙中存在一股更高的力量，每一次的經歷，都是很好的練習，出自於我的選擇。每一天，每一次，都是鋪陳，都是接續，都是緣分，我們成為彼此生命中的風景，也互成貴人淬鍊了彼此。

我思考著他所留給我的課題：「投降」，我是否願意、體驗並真正「投降」呢？

對我來說，投降，是一種心態上終極的臣服，投降於我是一個什麼樣的人，臣服於每個人來到這個世界上有其使命，這是蛻變的過程。我知道自己渴望碰觸更多的心靈，這是我的天命，我可以感受到自己或許具備了某些才能。同時，我也很清楚內在還有諸多抗拒，我貪心地想為生命找出一個標準答案，我總擔憂自己是不是還不夠好，困惑依舊存在，在我腦中嗡嗡作響。我是，我知道了，我卻無法真正臣服。我抗拒，我想接受，卻無法真正釋懷。我想做到坦然，卻感到矛盾糾結。這一團內在的混亂，我體驗到了，我察覺了，然後呢？接下來，我又該怎麼辦？

蛻變過程不見得好受，卻是必要經歷的道路，去蕪存菁，沒有捷徑，最後留下的，現身的，才會是無比真實的自己。

我常常在想，如果遇到人類圖之前，沒有經歷過體驗式課程的淬鍊，我最多也只會把這門學問看成是一門有趣的知識而已，如果沒有曾經看過許多人透過學習而蛻變，如果沒有體驗過成長之路所帶來的震撼與感動，或許當我看待人類圖的時候，也只會當成另一個有趣的心理測驗，或是將此浪費在預測命運的工具罷了。

體驗式課程是第一步，引領我進入自我成長的大門，這是基本功，讓我準備好。然後，當人生吹起不預期的大風吹，捲起我往未知的天空迴旋，脫離既定體驗式課程的軌道，百廢待舉。沒有人知道，竟然另一扇通往人類圖殿堂的大門就此打開。這時候，叛逆如我已不再年少輕狂，或許才有機會，能夠真正看見人類圖的廣闊。這個體系的威力，絕對不只是茶餘飯後說笑而已，它絕對有足夠的廣度與深度，讓人按圖索驥，認出那一個長久以來隱藏於內在，或許有的人早已放棄或遺忘的，真實的自己。

理性與感性，缺一不可，我們不能沒有腦袋，只憑感受而過活，但是若只有腦袋上的明白而缺乏實際感受，那麼與機器人又有何不同？體驗式課程是透過情感上的體驗，而讓人有所突破，進而成長。那麼相對的，就如同祖師爺Ra所說，人類圖是邏輯式的療癒（logical healing）。當人能夠在腦袋的層面理解到，每一個人表面上的行為，源自於底層在基因層次的設定。當你懂得其中相互對應的關係，在理性意識層面以為的「若要如何，全憑自己」，就不會是制約或勉強，這底層還有更深遠的「沒有選擇」介於其中。那麼，「愛你自己」就不會只僅於口號或美夢，而是源於真正的理解、接納與投降。

＊

成為分析師那三年半，我全心全意研究著人類圖，研究愈深，對照過去在體驗式課程教室裡的種種體驗，相互映照，更覺得奇妙。

當我消化反芻人類圖一層又一層，看似生硬的知識時，每次讀到某些章節，某些段落，敘述某種慣有的思考模式或運作的行為時，很快的，我腦中聯想到的，會是曾經在體驗式課程中發生過的某個片段，某個人曾經說過的話，或者敘述過的生命故事。這才發現，我在體驗課中的學習，還有長年當翻譯時的我，時時刻刻伴隨不同講師，真實接觸過數千人以上的學員，這些無形中的累積，就像是一個廣闊的人類行為資料庫，超乎預期地，在我開始學習人類圖的時候，發揮了極大的功用。

那些珍貴的浮光掠影，協助我明白，這世界上人的多樣性與複雜度，原來竟然真的有脈絡可依循。人類圖運用類型、能量中心、通道、人生角色等等，將每個人的差異之處，一層又一層分開剖析，然後再度重新整合，勾勒出一個人的全貌。它像是一個架構嚴謹的倉儲歸納體系，把過往我在教室裡頭見過的，聽到的，還有感受到的體驗，得以在一個清楚邏輯的架構，分門別類，融會貫通。

架構在體驗式課程的基本功之上，人類圖帶領我更進一步，以全新的角度，像是找到一個電力全開的宇宙無敵手電筒，不再自由心證，也不會無邏輯向外延伸，而可以仔仔細細把每個人每個黑暗角落都照一遍，看個分明。接著再進一步，釐清箇中道理，懂得之後，就能明確地做出正確的選擇。

體驗式課程讓我看見，每個人都不是只有表面那一層，如果曾經看過人最深處真實的風景，曾經體驗過每個人最深刻的掙扎與為難，那麼很難放棄，無法說服自己不去看見每個人蘊藏的可能性，很難不去夢想。而人類圖，則是像打通我的任督二脈一樣，揭開那底層的迷霧，如果能夠再一次，清楚看見真正的自己，做出區分，像是終於有了解答，有了明確的咒語，帶領我們實際超越那些困住自己信念，找到內在怪獸真實的姓名，那瞬間，就可以指著牠們，大聲說：

怪獸，我看見你了！

你的名字叫作「總覺得自己不夠好」；還有你，你的名字是「害怕衝突」；然後躲在角落的那一個，我看見你了，你的名字是「恐懼失敗」；另外那個虛張聲勢聲嘶力竭的你，你的威力真的沒有我以為的那麼厲害，聽好了，你的名字是「沒有安全感」；另外一隻總愛逆襲的怪獸，你叫作「胡思亂想的焦慮」，我知道你們的名字了，從現在開始，你們再也沒辦法控制我了。

我已經擁有了我的力量，完完全全，徹徹底底，因為我知道我是一個什麼樣的人了。

碰！

內在的怪獸瞬間皆化為輕煙，就像祖師爺常說的「別無選擇，愛你自己。」

穿越重重關卡與迷霧，我看見我自己，也看見真正的你，有沒有聽見命運輪軸轉動的聲音？當你與我都認出真實的自己，就從這時候開始，蛻變發生。

第八章

住在你內心的那一位權威人士

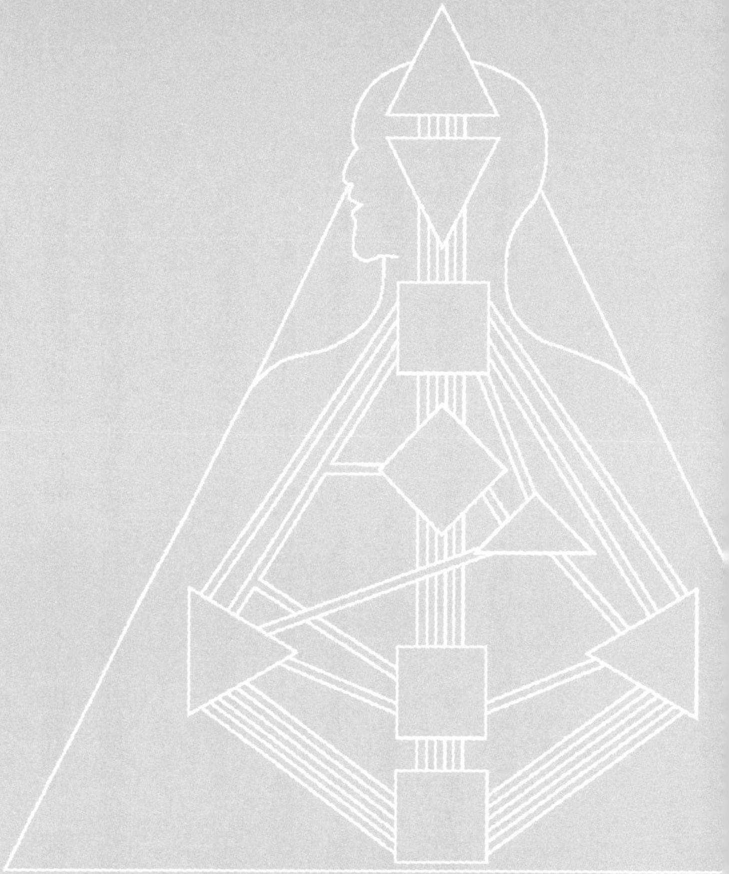

有誰能比你更清楚自己的人生呢？答案不就真實存在於你的體內，只是你準備好要聽見了嗎？你準備好讓喧嘩的腦袋暫時靜下來了嗎？或許，每個人的內在權威，就是一個人與生俱來內在的神性，與神對話。

三年半的人類圖分析師之旅，第四階段那一整年的專業修習之旅，像是一切都有巧妙安排似的，最後一堂課，剛好落在我懷雙胞胎孕程即將結束的前一週，帶著所有人類圖同學和老師來自世界各國的祝福，雙胞胎出生了，誕生在一個足以讓為娘我手忙腳亂的混亂裡。

照顧雙胞胎的恐怖工作量，讓我沒有立即接續下一期第五階段的課程，等了三個月，我又開始半夜默默連線，日以繼夜，又開始念起第四階段的分析師專業課程。

朋友們常常說我意志力驚人，大家不懂我為什麼一定要這樣拚：「你可以等雙胞胎大一點，比較不累的時候再繼續念啊。」「一邊照顧三個小孩，一邊還要念人類圖，你這樣不會太累了嗎？」實話是，意志力一向不是我的強項，我的意志力中心是整個空白的。換句話說，我天生並沒有持續運作的意志力，設定目標對我來說往往很伸展，因為我總是太隨興，而無法一步一步照表操課去完成，我很清楚這段日子讓我順利度過每一刻，真正依靠的並非什麼意志力，而是我的內在權威：薦骨中心。

❀

接觸到人類圖，大家最常聽見的一句話就是：回到內在權威與策略。你的策略取決於你的類型，那麼，**內在權威**（Inner Authority）是什麼？

我會說，內在權威就像是一直以來一直與你在一起，住在你心裡，一位重量級的權威人士。權威人士很威，既然是權威，自然有辦法說了算，他知道你真心想說的答案，他知道對你來說最正確的選擇。但是，若你不懂得如何與他對話，都不問他，那麼，他很孤單，你會很遺憾。

我喜歡人類圖世界裡頭，瑪麗安（MaryAnn）老師說過的話：「當薦骨發出回應的聲音時，腦袋裡的雜音似乎就立刻能被釐清了，而在當下最正確的選擇，不言自明。」我是一個生產者，我的策略是等待，回應；我的內在權威是薦骨中心。我的動力來自於每一個當下，這是驅動我往前走的動力。

當我回歸到最簡單，活在每個當下，基於薦骨的回應，我可以區分出來，每個當下對我而言，何謂正確的決定。如果在這個當下，我的薦骨的回應是肯定的，那麼就在這個當下，全力以赴去做，百分之百投入，那麼，當下一個當下，新的選項來到我面前，我又可以重新做回應，再選擇一次，繼續全力以赴去做。

舉例，如果在這個當下，我的薦骨對報名下一個階段的人類圖課程有所回應，這代表我有動力，也有渴望想繼續念下去。雖然在同時，我也可以察覺到自己腦袋裡不斷迴旋的顧慮，擔憂是否有足夠的體力或時間，一邊念書一邊兼顧全職媽媽照顧雙胞胎的角色。但是，若回到我的內在權威，聆聽薦骨所發出的回應，答案或許讓我驚訝，也不見得與原本的計畫相符。但是，以我薦骨的回應來做決定，到最後選擇遵從我的內在權威，事後也往往證明，這一切並沒有我腦袋想得那麼困難。或者應該說，我這個人能承擔的，遠比我腦袋自以為的要多出很多。

當然，每個人的設計都不同，根據各自的內在權威，運作的方式也不一樣。我的內在權威是薦骨，所以每個當下，不管大事小事，只要遵從薦骨的回應即可，一切變得很簡單，每一次練習都讓我體驗到，這才是真正能夠驅動我往前，最省力並有效的方式。順從薦骨就等同於呼應身體底層的渴求，不必證明自己，不再擔憂，沒有詳細計畫，沒有目標，沒有行程表，只是當下，也只有當下，反而很純粹，也會有力量。

❀

「我的內在權威是什麼？」

我知道你一定會等不及急著問我。來，每張人類圖設計的內在權威不盡相同，如果你看自己的人類圖說明上，在內在權威（Inner Authority）那一欄填的是什麼，就可以知道自己的內在權威是屬於哪一個能量中心。

換句話說，標明是內在權威的這個能量中心，與你的人類圖上其他有顏色的中

人類圖範例 5

類型	人生角色	定義
生產者	6/3	二分人
內在權威	策略	非自己主題
情緒中心	等待，回應	挫敗
輪迴交叉		
Left Angle Cross of Prevention (15/10 | 17/18)		

心相比，具有關鍵且壓倒性的地位，能協助你做出正確的決定，善加運用人生策略的同時，也請回到你的內在權威，讓它來指引你。

在此挑幾種內在權威的範例來說明。

如果你的**內在權威是情緒中心**（Solar Plexus 太陽神經叢）：

這代表著，你的情緒週期有固定的高低起伏，而尊重情緒中心的內在權威，意思就是，當你的情緒高低震盪時，很容易看不見當下的真實，在情緒高點所獲得的答案，與在低點時不見得相同，所以如果在當下輕易做出結論，會在情緒週期擺盪到另一個端點的時候，又再度推翻原本的定論。換句話說，情緒中心為內在權威的人，切記別在當下做決定，最好靜待情緒週期走完一輪，察覺自己在情緒高點與低點都有著相同答案時，才能夠做出正確的決定。這世界上有百分之五十的人，內在權威是情緒中心，換句話說，地球上有一半的人不適合在當下做決定。

當時研究到這個部分的時候，我在想這不就是我們常說需要「三思而後行」的人嗎？畢竟情緒週期有其高低起伏，在高點的時候思考的角度，與低點時的顧慮可能完全不同。這款設計的人，如果貿然想訓練自己凡事當機立斷，必定會常常做出讓自己後悔不已的決定。有趣的是，我的爸爸就是以情緒中心為內在權威的人，回想爸爸每次不管是去看房子，買車子，做任何重要的決定，他掛在嘴邊的話總是：「回家再想想啦。」他常說：「真正屬於你的機會，不會跑掉的啦，衝動下所做的決定，總是沒好事。」這讓內在權威和我一樣是薦骨中心的媽媽，總覺得莫名其妙，埋怨爸爸個性拖拉，無法果斷下定論，殊不知，這就是最符合他的設計做決定的方式，他必定是年輕時吃了許多在當下立刻做決定的虧，才學會要等一下再做決定，而這也是最適合他的人生智慧。

情緒中心為內在權威的人，我觀察他們思考同一件事情，很容易前前後後不斷斟酌，前後說的話也有可能非常不一樣，但是若真的讓他們有足夠的空間與時間思考，等過了情緒週期再做出的決定，總會變得很周詳，也很完整。

如果你的**內在權威是直覺中心**（Spleen）

這代表著，憑直覺做決定就對了。「相信你的直覺」不見得適用於每個人，而人類圖所講的直覺，指的是在當下一閃而過的訊息。直覺會在關鍵的時間點，突然化為一句話，一則提醒，也有可能是身體感官突然有了一種無法言喻，莫名的感覺，直覺的訊息並非來自腦袋的邏輯與推理，在當下可能聽起來一點也不合理，但是其運作通常基於保護你的安全，若一旦錯過了，就不會再重複講第二遍。

我超愛聽以直覺為內在權威的朋友，敘述他們的直覺是如何神奇保護了他們，直覺就像第六感，也像一個默默守護的精靈，自宇宙遠方捎來訊息，只講一次，輕輕提醒你，不管這可能在理智上聽來有多怪異，多麼不合情理，但是他們可能因為聽從直覺，而沒有錯過了與好友去世前見最後一面的機會、避過一場交通事故、事先預防了可能的變故……如果你的內在權威是直覺，只要你的心夠安靜，並懂得聆聽，就可以聽見直覺善意的提醒，減少人生中的遺憾，逢凶化吉。

除了上述的種種內在權威之外，當然還有其他比較少見的內在權威：**意志力中心**（Ego）、**自我投射**（Self-Projected）的內在權威，以及**無內在權威**（None）等等類型，各自有運作模式，我在此就不再一一說明了，如果你想知道更詳細的內容，邀請你參閱鈴達（Lynda）老師所寫的人類圖定本，會有更多闡述，也歡迎你來上人類圖相關課程，在「你的人生使用說明書」初階課程中，我們將更進一步帶領大家回到你的內在權威與策略。

＊

回到內在權威與策略。

每個人的內在皆住著一位權威人士，既然如此，答案何須外求呢？有誰能比你更清楚自己的人生？答案不就真實存在於你的體內，只是你準備好要聽見了嗎？你準備好讓喧嘩的腦袋暫時靜下來嗎？或許，每個人的內在權威，就是一個人與生俱來內在的神性。與神對話，與其渴望奔馳千里去追尋，最真實的，其實只需簡單問自己的內在權威，時機到了，你一定會知道的。

該如何為自己的人生做選擇？外在沒有任何人可以告訴你，鏡花水月也好，幻象也好，到最後，門外沒有任何人，只有門內的自己。順著我的薦骨內在權威，我像是迷失在迷霧森林裡的孩子，每個當下，薦骨的回應，宛如散落在小徑上的小白石，一步一步引導我，閃著月光，也閃著星光，指引我往前走，找到回家的路。

如果你問我，過去這八年，我怎麼念完人類圖分析師的認證課程？然後為什麼三年半之後，還欲罷不能地繼續進修更高階的人類圖課程，從未間斷？每一次，打開電腦與國外連線上課的時候，總讓我有武陵人誤入桃花源的感動，沿路落英繽紛好風光，處處精采，顧盼之間，陳年的心結就慢慢解開了，強硬的傷痛像冰雪見到暖陽，融化了，是非常不可思議的一段美好旅程，這是實話。

只是，真正誠實的解答，會是另一個最簡化版本的實話：回到我的內在權威與策略，我的薦骨遠比我的腦袋更清楚，如何順流而為。

第九章 十年磨一劍

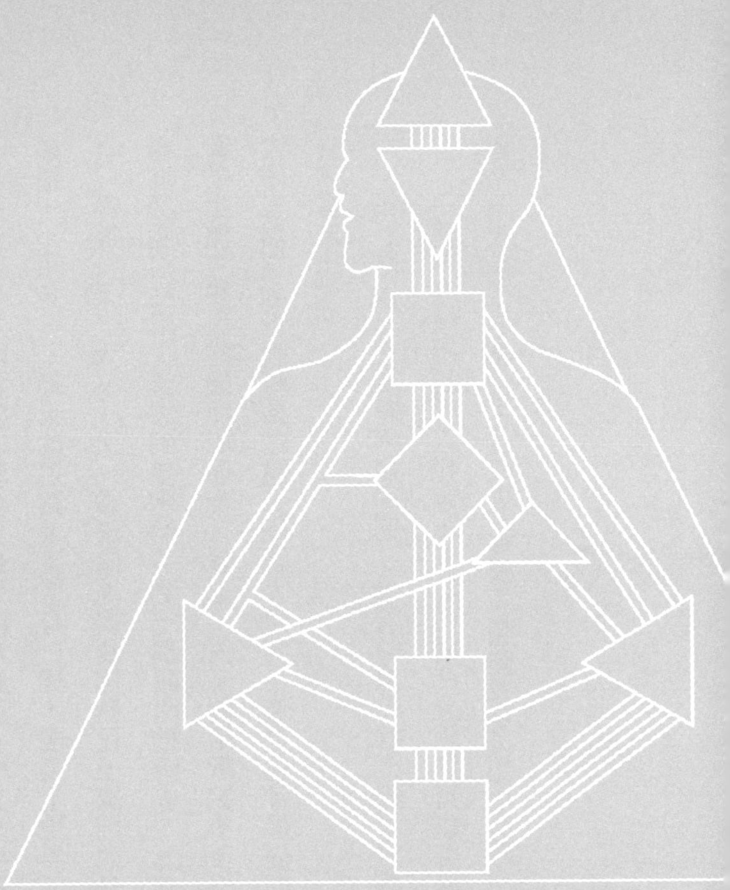

關係的挑戰除了尊重對方，也要尊重自己的需求，當在關係中的兩個人，都有空間可以回到自己的內在權威與策略，並且達成共識，相互獨立也相互依賴地共存著，關係自然就能行得通。

＊

「最好的那條路，不見得是最有趣的那一條。」沒錯，但是這句話講完該接下一句，「只要真心喜愛，就會是最好的那條路。」若能發揮自己的生命力，灌注以熱情，不用多久，你走的道路就會搖身一變，成為全世界最有趣也最好的那一條。

經歷一天一天又一天，昏天暗地與雙胞胎兒子纏鬥的日子，為防心靈隨著肉體過度勞動而枯竭，苦等到雙胞胎長到三個月大的時候，為娘已經愈來愈適應，也逐漸掌握撫育雙兒的韻律與節奏，就忍不住又開始默默半夜規律地起床，接續之前未完的人類圖分析師修練之路，學習人類圖，像是精神層面的嗑藥上癮，永遠讓我感到歡喜無比。

第五階段，主要有兩個學期，學習的重點轉至**流年分析**與**人際關係合圖**。

「流年？」不是說人類圖不是算命嗎？難道還可以批流年？「還有人際關係合圖？」天啊！不是說不迷信？難道人類圖還可以替人批八字，看你跟這個人合不合？

哎呀，真的不是這樣的，且聽我慢慢道來。

想像，每個人來到這世界上，這段說長不長說短不短的時光，各人有各人的使命（沒錯，輪迴交叉講述的，就是每個人來到這個世界上的使命。）各自有各自與生俱來的專長與天賦，（通道決定你的生命動力，閘門講的是專屬於你的每種特質。）行走在地球這舞台上，最終或許諸事諸法皆空，如幻境，我們此生各有各未竟的緣分，尚未圓滿的事宜。若將每個人的一生，當成一場只會演一回的舞台劇，那麼人類圖所講述的流年，就是時空交會，一幕幕，生命隨順情節曲折與起落。

人類圖所講述的流年，無法清楚預測會發生的事件，卻能告訴每個人，在未來這一年，或十年，你所處的環境，其範疇為何。每一年的流年算極短篇，每十年的大流年則是意猶未竟的中長篇，顧盼流轉之間，幕起幕落，說不完的風光，綺麗無限。

換句話說，藉由流年的解讀，可以描述在這段期間，每個人環境場景的變化，以及勾勒出來到身邊的人際遇合，你可以從中學習的，是什麼樣的課題。簡單來說，流年圖裡頭，可以說出每個人要學習的人生功課。就像每一年宇宙都會送你幾條申論題，這一年你答完題目，下一年又會有新的提問，每個小課題都是鋪陳，都是準備，讓你體驗下一個課題，日積月累鍛鍊你，去處理與面對接下來更深刻更大的主題。無形中，生命經驗逐漸擴展得更寬廣，與時俱進，自然而然你將懂得如何活得更圓滿，也更成熟。

＊

我喜歡人類圖看待流年的角度，不是宿命，無法預測，卻蘊藏著更深刻心意。或許，冥冥中真的自有安排，那麼身為一個人可以學習的，就是如何投降與珍惜，無須抗拒，也沒有過不去的關卡，人生就是一個階段接著下一個，宛如星辰流轉。

如果以這樣的角度看待人生，每當心情陷入低潮，或覺得人生面臨死結，才有機會把眼光放遠，穿越事件本身，看得懂這底層所蘊藏的深意，學習安然以對，體會其中的課題，不再困於表面，領略生命所帶來的智慧。

鈴達老師鼓勵我們把過往十年二十年，自己每一年的流年圖印出來，比對過往人生中發生的重大事件，重新思考一次。若是以人類圖流年的範疇來看，究竟這些事件底層，要教會我的課題是什麼？

「當我再仔細回顧每一年，以學習的角度來看，我的觀點有非常大的轉換，我想，我再也無法以過往的角度來解釋我的人生了。」連線上課的時候，她悠悠然地說著，語氣傳遞出深深的釋懷與坦然。

當然，好學好奇如我者，與鈴達老師看齊，我也把每一年自己的流年圖全部印出來。奇妙的是，往事，一幕幕就如同這一張張的流年圖，如電影一樣放映在我眼前。

❀

翻開我十九歲那一年的流年圖，沒有任何一條通道接通，整張空空幾乎就如同我出生的那張人類圖一樣，宇宙那一年沒有送我任何一條通道。所以，我可以全然體驗我自己，回頭再看，那是我生命中極關鍵的一年。我真的懂那徹底空白的流年圖是什麼意思，一瞬間從喧嘩的台北，我選擇隻身移居紐西蘭念書，從再也熟悉不過的語言與環境，一轉身就變成全然陌生的國度。我記得自己拚命學習著新的語言，認識新的朋友，接觸新的學校，新的課業，但是不管我多麼努力，就是需要時間適應。語言不通的我，那一年像是活在一個真空的，與外界隔絕的空間裡。我在，我也不在，我多想完全了解周圍所有人正熱鬧地說著話，舉辦的各種活動，卻無法完全融入，好孤獨。

說不痛苦是騙人的，但是後來回頭再想，也只有當時那樣的孤獨，才能全心全意讓我把英文學好，後來發現也不僅是語言而已，那一年其實真的讓年輕的我能再次歸零，難得像張白紙一樣，每天都新奇，每個毛細孔都張開，像塊乾癟的海綿拚命吸取周圍的文化，滋養我整個人，讓我開始明白，中西方的文化是如此截然不同，而我可以懂得兩邊，只要我願意學習，抱持著一顆初學者的心。

我翻著一張又一張的流年圖，青春終究留不住，那潺潺流過的是我的年華，接續不斷的故事講的是：

那一年，我選擇一個人隻身赴紐西蘭留學，從語言不通到考進大學。

那一年，我第一次陷入熱戀接著心碎，從此才懂得愛一個人的滋味。

那一年，大學畢業之後惶惶然的求職生涯，開始思考自我價值與金錢對我的意義。

那一年，我選擇回台灣，那是一段拚命瘋狂工作來證明自己，懷疑生存意義的歲月。

那一年，愛情的不順遂讓我的生命轉了一個大彎，帶領我真正認識我自己。

那一年，我決定安定下來，結了婚，歲月靜好而甜蜜。

那一年，我懷孕了，在愛與恐慌中無聲掙扎，疑惑自己人生角色的定位……

那一年，人類圖走進我的世界，宛如帶來一場前所未有的突變。

穿越事件本身，那一年我要學習的課題，各有其主軸，紛紛躍然紙上，我看著，過往的自己經歷過每一件事情，翻騰交織之後又再度回歸澄清，像是一面湖水，閃耀著歲月的波光，靜默著，流年紛飛，反反覆覆，一年又一年。

我懂了，原來如此。

❀

很多事情穿越表面，才能看見宇宙蘊藏的深意，有時候是看似艱難的挑戰，有時候千絲百縷理不清頭緒，有時候如陷十里雲霧，伸手不見五指，有時候宛如全世界都靜止了，一片死寂，看似絕望，殊不知就是要讓人全空了手，才有空間接受新的禮物。

每一年的流年，就像宇宙贈予一絡絲線，可能是我之前從來沒見過的顏色、質地、粗細。當下我可能完全搞不清楚，這究竟要告訴我的，要我學會的是什麼道理。每一年我收到一絡絡的絲線，默默積累著，有一天，累積到足夠數量，這才恍然大悟，開始懂得混著我原本就擁有的，還有我陸續收到的，一吋吋，一段段，逐漸得以織成一匹全新的綢布，擁有嶄新的圖騰、色澤與組合。於是，我還是我，但是我也永遠不再是我了，生命愈活愈寬廣，從一絡絡的絲線成就了一整匹的織錦，更燦爛，更豐富，更光采奪目，日積月累地，無法貪快的，沒有捷徑，只有累積，慢慢編織，慢慢梳理，然後，就這樣一恍神，光陰如梭，已經織就繁花似錦。

既然是這樣，而非它樣，那麼，何不破涕為笑呢？

與其抗拒生命所帶來的種種，我為什麼不能學習讓自己更坦然一些，任由這一件又一件的事情洗滌我的心，累積經驗。生命是一場華麗的探險，不是嗎？誰知道當宇宙裡星星走到某些位置上，某些通道因此而接通的時候，接下來會發生什麼事？可以確定的是，沒有過不去的事，物換星移，每一年我們都會有不同的挑戰，這很好，這讓每個人都有機會，對生命有更多不同以往的體會。

慢慢可以沉穩下來了，跟年紀多大沒關係，知道人類圖流年這個概念之後，似乎底層有些原本卡住的關卡巧妙地轉換了。

體驗到時序漸進，所謂的緣分，所謂的安排，冥冥中，正以我們原本無法窺見的巧妙邏輯，精細安排著。那麼，以我不足的成熟與有限的世故，開始了解到沒有什麼會更好的，也沒有什麼好羨慕的。日子就是日子，人生就是人生，每個當下過完就沒了，所以，重點就是此刻，就是當下。想太多無濟於事，也於事無補，不貪心，每一刻都可以好好體會，快樂會過去的，痛苦也會。只要體驗我的體驗，謙遜地從中學習，就會很美，很圓滿。

❀

日子照舊一樣過，我還是一邊苦苦念書，一邊焦頭爛額照顧著雙胞胎。不同的是，我清楚現階段這流年要我學習的是，如何在家族與自己的需求中，取得平衡。這並不是一個容易的課題，但是，就像孩子一定會長大，星星也不會永遠停留在同樣的位置上。與天上閃耀的星辰運轉一齊運轉，沒有什麼永無止境的黑暗，也不會一帆風順無惱似地快樂到底。有起落，有得失，有笑自然有淚，可能有幾年會覺得過得比較順比較爽，當然也會有幾年，莫名變得比較緊繃比較辛苦，這就是過程。我可以選擇生氣、抗拒、感覺挫敗，也可以選擇心悅誠服，接受並投降於現階段的狀態，因為日子會過去，每個階段過了就不可能重來。

回到內在權威與策略，淬鍊心志就像磨一把劍，十年磨一劍，劍不怕磨，愈磨愈亮，人不怕磨，愈磨愈強。

我像小和尚誦經敲鐘，挑水掃地，不管環境流年如何轉換，觀照它，觀照自己：我有沒有回到內在權威與策略來做決定？就算世事多紛擾，每一個當下都是很好的練習，練習更懂得自己，更貼近自己。

突然，我靈機一動，有個新點子。

＊

既然有流年，也有流日，如同節氣的概念，星星運轉，磁場也會對我們造成影響，就像氣候隨著節氣時序而逐漸改變，如果我能夠以淺顯易懂的方式，每一天都寫下一小段文字，以人類圖流日的角度，不是算命，也不是預測，而是練習去解讀，提醒星星運轉磁場的變動，對我們的影響，還有其中蘊藏的課題，那必定很有趣，也很好玩。

就這樣，我打開每天的流日圖，仔細盯著看，沒多久，在鍵盤上滴滴答答寫下了第一篇「人類圖：今日氣象報告」——從那之後，不寫則已，一寫就停不下來了。

週一至週五每天寫一篇，週末休息，寫完就放在部落格上，也放在臉書上，寫著寫著就這樣累積出至今日近千篇的今日氣象報告，我想像自己是一台宇宙版的人肉傳真機，每一天，觀看星星的位置，深深地呼吸，放開腦袋的糾結，文字就如同一串銀鈴般的聲響，透過指尖，流洩而下。

這成為我的靜心，也像是我與宇宙之間，每日默默交流的密語。

出發點很單純，卻沒有預料到，很神奇地，這一篇又一篇氣象報告自行張開它們的翅膀，輕盈飛往該去的方向，文字輕巧穿越限制，開始陪伴我認識與不認識的朋友們，靈犀相通般，帶領更多人對我，對人類圖產生好奇，進而有機會想了解人類圖，以一個全新的角度來認識自己、來懂得周圍的人、以新的觀點來看這個世界、練習每一天都回到你的內在權威與策略，愛自己，與自己同在。

＊

第五階段的課程，除了了解整體宇宙星球運轉如何對我們產生影響，另一個部分是關於人與人之間的能量場如何相互引發影響，這就是人類圖裡頭「**關係合圖**」

最基本的概念。

天上繁星運轉，地上眾人交會，每個人宛如一個小星球，各自在各自的軌道上運行。在人類圖的體系裡，每個人都有自己的能量場（Aura）。每個人能量場的大小，是其手臂伸直的長度，乘以兩倍為半徑，畫成一個立體圓圈的範圍。每個人的能量場皆不同，而人與人靠近時，彼此的能量場會相互啟發。（接下來讓我來講一段順口溜，你可要聽清楚啦。）當有一個人進入你的能量場，他有的閘門與通道如果是你沒有的，你和他在一起的時候就接通了，反過來說，你有的閘門與通道如果他沒有，你也會接通他的。

所謂的合圖，就是把兩個人的人類圖設計交疊在一起，這也就可以清楚解釋了，在關係中，兩個人各自需要妥協、主導或可以引發火花的區塊，還有彼此聚焦或相互要學習的主題會落在哪裡。

「我們兩個人合不合？」常常有人忍不住會問。

或許來自於我們既定的文化背景，關於兩人結婚就要來合一下八字，讓大家忍不住一想到合圖，就直接開始著急地猛問，我們到底合不合？事實上，所謂的合與不合，究竟是要以什麼樣的標準來判斷呢？外表？學歷？身世？價值觀？人類圖沒有答案，也沒辦法掐指算出人與人之間，關於前世今生的恩怨與糾葛，人類圖對合圖的解釋是：人跟人之間沒有合不合，只有怎麼相處，若是懂得如何彼此尊重，好好相處，關係就會長久，兩個人就會合。

有人在你的內心宛如恆星，也有好些人看似總與你同行，卻只是彼此在共同軌道上運轉的行星，樣樣人百百款，多如繁星，一生中也總會碰上幾個絢爛如流星，偶然相守，意外碰撞，不見得能常相守，卻不時在心裡停留，難以忘記。這世間太多恩怨算不清，既然遇見了，有幸相識，擁有這一段關係，那麼，何不以一顆溫柔又柔軟的心，用心學習如何相處，如何尊重與珍惜。

當然我們可以深入去探究許多細節，你引發了我這個，我又啟動了你那個，你讓我生氣是因為你有這個閘門，我讓你抓狂是因為我接通了你某條通道……關於人類圖裡所有的這些知識極準確，也非常引人入勝很有趣。但是，說到底，這些都是有用的資訊，卻真的不是重點，完全不是。

＊

一段關係要行得通，重點就是要學會相互尊重。

到底什麼才是尊重？尊重並不是一個講起來很好聽的概念，而是必須確實地，願意讓對方有足夠的空間可以做自己，可以時時回到自己的「內在權威與策略」來做決定。

在關係之中，只要有人的需求沒有被滿足，感覺到委屈，很快就會產生怨懟，充滿負面情緒，累積久了，關係就會崩毀。想像，如果你在一段關係中，對方尊重你的決定，你在他面前也可以輕鬆做自己，那麼很自然地，這段關係就會自然而然行得通，而不費力。除此之外，關係的挑戰除了尊重對方，也要尊重自己的需求。當在關係中的兩個人，都有空間可以回到自己的內在權威與策略，並且達成共識，雙方獨立也相互依賴地共存著，關係自然就能行得通。

上課時，當我們講到關係合圖這部分的時候，我的英國同學莎拉分享了她的故事。她說，由於自己開始接觸人類圖，常常忍不住想狂熱與另一半分享，多麼希望他也能開始接觸人類圖，讓彼此的關係變得更好。殊不知她愈熱烈，愈適得其反，他愈是抗拒還避之唯恐不及。

「有一天，我突然明白了。」她不疾不徐地說著，語氣中帶著坦然：「我發覺我並不是真正想與他分享人類圖，我內心隱藏著熱烈的期盼，我多麼希望他會因為學習人類圖而改變，我真正想要的，是他最好變成我想要他成為的樣子。」

「我注意到自己不斷對他嘮叨，我說，你看！你有這條通道，難怪你會這樣，還有你就是因為這個能量中心空白，所以才會陷入非自己的混亂。你到底要不要轉換自己，做些改變呢？」說到這裡，她嘆口氣：「我愈是這樣，他逃得愈遠，因為他所認知到的人類圖，只是我換了一個更大的武器，對他展開無形的攻擊。」

聽到這裡，我真的對莎拉所說的話，感到心有戚戚焉，我們多麼容易流於不自覺，自認聰明地替自己也替對方貼上各種標籤，來合理化自己攻擊對方的行為。

「我回想自己學習人類圖的出發點，是希望能更了解他，讓我們的關係變得更好。所以我決定開始改變自己的心態，我不再叨唸人類圖的術語，而是直接將我學會的，落實在關係上。比如說，我知道他的內在權威是情緒中心，所以我開始學習尊重他有情緒週期，不再硬逼他在當下做決定。我知道他是投射者，策略是等待被邀請，所以我不再期待他會時時主動發起，而是換成我來邀請他一起去做，我們可以一起分享生活中的點點滴滴。」

「當我改變對待他的方式，慢慢地，他在我面前變得愈來愈放鬆，愈來愈自在。有一天，他竟然對我說，我想多了解人類圖，因為你改變了好多喔。」經過兩年多的調整，莎拉分享的體會好珍貴，也好讓人感動。

「重點不在知識，而是如何把所學的運用出來，讓對方可以收到我對他的愛，而讓這段關係可以真正變得更好。」

❀

在絕大部分的關係合圖中，可以看見在每一段關係中，不可避免，總有一方需要妥協，或感覺自己被壓制，當然也會有火花，以及容易獲得共識的區塊。事實上，兩個人並沒有合不合，沒有童話故事，也沒有王子與公主從此之後，永遠過著幸福快樂的日子。但是，也就因為如此，我們才能不斷地在每段關係中學習：如何尊重，如何善待自己與別人，如何運用智慧與同理心，讓關係更圓滿，更行得通。

不管是流年，或是關係中的修練，不都是一連串磨劍的過程嗎？

十年磨一劍，磨完十年，還有下個十年，劍愈磨愈亮，回到內在權威與策略，每一天都會是很好的練習，不管我們正在經歷的是什麼，與誰人同行，都極巧妙地，淬鍊我們變得更柔軟也更堅強。

這就是生命的功課啊，神奇而美妙的安排。

第十章

我知道，我很棒！

我知道，這場糾纏不完的惡夢，將隨著天空灑下的曙光，消失蒸發如露珠。那關鍵點在於，我肯定了我自己，我終於真誠接受了，我是很好的，我是沒有問題的，我真的很棒！ 我找到了自己，我頒給自己那紙畢業證書，我真的自由了。

❀

在那之前，我想過無數次，幻想著終於拿到正式人類圖分析師認證的那一天，我的人生大概從此就會無怨無悔，別無所求，連做夢都會笑。

當六個階段終於學習完成，到最後一關的檢定考試，有一天，正在準備分析師認證考試的我，突然轉身望著書櫃上堆滿好幾層的人類圖原文書與CD，還有記錄這過去三年半以來，那一疊疊厚重的筆記與手稿。韶光荏苒，才驚覺到，從反覆質疑自己究竟行不行行不行行不行，竟也就此行經全世界無人能懂的孤寂，到最後，終究走到這一步了。

當時分析師檢定考試的內容是，準備三份人類圖，當成三份個案，請你盡可能仔細解讀每一份人類圖，當成實習的個案，並錄音，然後送交學院。經兩位以上主導分部的資深老師審核並安排口試，通過之後才能獲得正式的認證。

我覺得自己念了好多書，卻不確定自己究竟記住了什麼，準備考試的內容，只能盡力而為，我想說的內容好多好多好多，時間卻有限，若是太過簡化，又自覺內容不夠豐富。反覆整理思考之後，我把自己解讀的內容錄音下來，聽見自己解說著解讀的內容，聲音裡難掩異常的興奮與慌張，像個剛畢業的外科醫生，第一次要在資深前輩面前動刀。講的每一句話，像下刀，手顫抖著，心在胸口跳得快要掉出來。左思右想斟酌著，前顧後盼為難著，熱情在心頭炙烈燃燒著，胡思亂想著，想塞更多內容，想言之有物，又想講得很白話，想讓人容易理解，想來想去不斷思量，準備再準備，還不斷自己嚇著自己。

「我可以嗎？我行嗎？」

每一步，還是會忍不住這樣問自己。一邊準備考試，一邊回想一路走來，無法放下質疑，卻又實在頑固的自己，回想繼續學習，繼續念書，時時恍然大悟的自己，懊惱為什麼念不懂也念不通的自己。學習人類圖，其實真的不只是學習這門學問而已，就如同這考試，其實最困難的，也不是考試本身的試題，而是這一路上，我如何鼓舞著自己，我如何真正看見，並接納完整的自己。就算感到無能為力的時候，想哭泣的時候，都可以體驗到內在的強大，還有認為自己絕對不止於此的堅韌。每一步，不見得時時愉悅，卻愈走愈感激，與自己想追求的真實，愈貼愈近。

終於，我準備好了錄音檔，寄了出去。

一個禮拜過去了，沒有任何回覆。

我內心好焦急，再次寫信詢問鈴達老師審核的進展。過了幾天，她只是簡短回覆，需要當面跟我聊聊，請我上線與她一敘。

那一夜，我緊張等待著鈴達老師上線，她是我的指導老師，負責審核並檢測我的分析師資格。深夜裡，電腦螢幕前，我等得無比焦慮，我想著，會不會是送交的內容不夠完備？還是錄音的語調太過急促？是不是有哪些地方缺漏不夠完美？這才是第一關，後面還要送交兩次個案的錄音，我默默擔心著，如果鈴達老師說要改進的地方還太多，我一定要更努力才行。

❋

「嗨！Joyce，你好嗎？」鈴達老師上線了。

「我很好，只是有點緊張。」我的聲音其實根本就是顫抖著。

「為什麼呢？」她熟悉的聲音從螢幕裡傳來，一如往常，和藹而溫暖。

「因為遲遲沒有回音，不知道上次我送交的第一個個案，您的想法如何？」強裝鎮定，其實內心好慌張，一點底也沒有。

「喔，原來如此，其實我想要你上線，是想跟你好好聊聊這個考試，還有你送來的檔案……」是吧是吧是吧，鈴達老師接下來，應該要開始跟我說有哪些不周全的地方，可以如何如何改進了吧，我早已經準備好紙筆，要認真寫下她接下來的每一個寶貴意見了。

「我要正式跟你說，你，通過分析師考試了。恭喜你！」迅雷不及掩耳，突然間，鈴達老師帶著笑意，大聲向我宣布了這個好消息，殺得我措手不及，坐在電腦前呆若木雞。

「但是，老師，還有兩個個案我還沒做耶。」我嚇得下巴整個掉下來，嘴巴合不起來。

「哈哈哈哈哈哈。」鈴達老師的笑聲好爽朗，「我知道呀，但是我聽了你送來的第一個錄音檔，覺得你已經表達得非常好，所以我與其他幾位老師商量，要將你當成一個特別的案例，在此就可以通過了。恭喜你，你已經通過了分析師認證考試。現在，你是正式的人類圖分析師了。」

無法也不知道能說什麼，地球另一端的我，默默情緒大爆發，淚流滿面。

「我想親自告訴你，所以故意先不回信，我想親口告訴你，恭喜你。」聽見鈴達老師說話語氣中帶著笑意，「過去這幾年，時間不算短，你真的很努力，也很用心，我都看見了，很多時候我看著你按時上線，知道你在地球的那一端，正是半夜，長期持續不間斷地上課，認真交作業，期間你竟然還生出一對雙胞胎來，我都不知道你是如何辦到的。我要說，很榮幸可以當你的老師，我知道，你必定真正熱愛著人類圖，帶著你的承諾，走到今天，做得好，孩子，你做得非常好呀！」

「謝、謝。」相當無用，我整個人大淚崩。

「從今以後，你就可以做分析師該做的事情了，我知道你已經準備好了，而這個世界上必定也有很多人已經準備好，會透過你的解讀更了解自己。我想，就別讓他們等太久了，現在，我要宣布你畢業了。」鈴達老師的聲音好好聽，宛如天籟。

關上電腦。

我迅速走進臥室，搖醒正在熟睡的老公，告訴他這個好消息，他揉著惺忪睡眼，像我一樣驚喜萬分，他開心恭喜我，他說他知道這一天必定會到來，真是太棒太棒了，而我緊緊抱著他，放聲大哭。

眼淚裡，有狂喜，有感傷，有種好不容易的解脫感，還有面對全新的未來，難以言喻好興奮、滿心期待，同時也夾帶著面對未知的不安與恐懼，等了這麼久，努力這麼久，終於拿到我滿心渴望的認證資格了，非常幸福，也感覺好複雜。

❀

那晚我躺在床上，做了一個長長的夢。

我夢見自己站在一整片的沙漠戈壁裡，我和一群不認識的人站在一輛超級大的載貨卡車上，正當日落，漫天飛舞的彩霞。

這景色好美，夢中的我可以清楚感受到，溫暖的微風正吹拂臉龐，夾帶著一點點微沙的觸感，而太陽落下之前，黃橘色的光亮，放眼望去，我們每個人身上，還有這地球表面的每一吋土地都閃耀著光。

這一群人大約十幾個人，正隨意而友善地交談著。他們來自不同種族，似乎彼此認識，也各自深懷絕技。愉悅地，正前往一個不知名的目的地。而卡車只是暫時停下來，因為沙漠的日落正美，若匆忙錯過，未免太可惜。大夥兒一邊看著不可思議的日落，一邊隨意聊天，笑著交換最近的發現與學習。我發現他們每個人都是負責不同課程的老師，談論著彼此接下來要推廣的課程，也交換意見，談論著地球上思維進化的種種現況。

我不認識他們，所以不發一語，只是靜靜站在旁邊，觀賞這難得的景象。

突然，這群裡有一個綁著頭髮的金髮女人認出我來，她開心跟我打招呼「嘿！Joyce你來啦，很高興看到你呀。」我有點不好意思，因為我不認識她，但是他們都好友善，開始主動與我聊天，他們紛紛討論起人類圖，「我們聽說你擅長的學問很厲害呢，是以邏輯有條理的方式，打開人們內心的死結喔，真的很期待，往後可以跟你學習呢。」

接著，夢中場景快速替換，我們接著抵達了一個巨大的考場。（不會吧，又是考試的夢？我在夢中喃喃自語著。）

話說從小到大，我常常做著各式各樣關於考試的惡夢。這些夢不會緊鑼密鼓天天死皮賴臉糾纏我，它們只是以一種你不可能忘記，卻也還不足造成躁鬱症的頻率，與我若即若離，藕斷絲連，堅持並寂寞地，跟隨我。

在夢的世界裡，我常常獨自笨拙地面對空白考卷，腦中如紙張一般空白。我會忘了帶准考證、我會慌慌張張跑錯考場、我會因為迷糊而搞錯考試日期、甚至搭錯火車（為什麼考場那麼遠，我一直想不通），然後心急如焚也無法可想，眼睜睜看著考試就要開始，而我還隨著火車穩定持續震動的頻率晃動，焦急一如熱鍋上的螞蟻……

除了這些關於考試的事務性細節，在夢中每次赴考的科目也都暗藏玄機，我會夢見考地理，考卷上塞滿一大堆類似如果自武漢上火車到新疆，要換哪幾條鐵路線這類的問題，有時候考數學，我一看考題才暗暗吃驚，竟然不記得任何一條公式，咬著筆頭才發現，自己背後竟然有一大落的考古題，卻都空白，因為我都來不及練習。

更有幾次，驚覺自己重回到當年剛到國外念書，當時英文其實非常破爛的我，面對關於經濟學、商業法，一連串一連串的申論題，真是欲哭無淚，苦惱自己白癡得連英文題目都不見得看得懂，又要如何試申論之呢？

反正，前前後後在過去十幾年間，大概我都在夢裡考過N次了，每次醒來就是非常懊惱，極度悔恨。最誇張的是，有一次終於輪到考國文了，夢裡我真開心，我想至少作文應該會拿到分數了吧，結果，整張考卷只有塞滿古文的之乎者也，我還是看不懂，只能胡亂猜著、選著、填空著，徹底覺得人生無望，竟然連國文的分數都拿不到，我真是不夠好。是的，這是我內心終極的負面對話，如果我連簡單如考試怎麼考都考不好，我這個人到底還有什麼價值與意義……

＊

但是，這一次，似乎與以往不同了。我發現，在我如此熟悉的考試夢魘場子裡，這是第一次，本人內心感到前所未有的平和，甚至帶著些許喜悅，

才剛剛觀賞了沙漠裡漂亮的日落，笨拙的我，這一次萬事順遂，竟然沒有錯過

任何細節。現在，我與一大群人坐在考場裡，周圍坐滿同學，彼此都親切寒暄，臉上掛滿笑容，那原本令我焦慮恐慌的考試，早已結束了。

到了發成績單的時刻，就在那間充滿光亮的教室裡，有一位我在現實世界裡非常敬愛的老師Keith Bentz先生，緩緩走到我面前。他滿臉微笑，遞給我一張批改好的考卷，Keith對我說：「你做得很好，你考得很棒，你畢業了！恭喜！」

雖然在夢中，我卻感覺到無以倫比的真實，我笑著接過考卷，第一次沒有絲毫質疑，對自己充滿信心，滿懷喜悅，我認真對他說（或許我也在對自己說吧）：

「謝謝你，我知道，我真的很棒。」

當我醒來，天早就亮了，房間裡充滿天光，我翻身起床，獨自坐在床邊，靜靜想了很久很久，內心湧起一股好奇妙的滿足感。

我知道，這場糾纏不完的惡夢，將隨著天空灑下的曙光，如露珠消失蒸發，那關鍵點在於，我肯定了我自己，我終於真誠接受了，我是很好的，我是沒有問題的，我真的很棒！我找到了自己，我頒給自己那紙畢業證書，我真的自由了。

（原來，回歸自己的中心是這種感覺啊！我終於明白了。）

認證之後沒多久，鈴達老師特別來信告知我，他們已經把我的名字放在全球正式認證的人類分析師網頁上，看見自己的名字出現在這網頁上頭，內心很激動，也很感謝。

她還特別告訴我，註名分析師資格的欄位上，從今之後會加入中文的選項，因為呀，往後我們就會有講中文的分析師了，你是第一個。

是呀，我是第一個中文的分析師，這是我的使命，我要把人類圖推廣到中文的世界來！

第十一章

連結到彼端，到你心的那一端

每一張人類圖就像是一張樂譜，而人類圖分析師的訓練，讓我們得以讀懂這張樂譜，聽得見每個人與生俱來的曲子，我們可以做的，就是透過言語彈奏，讓對方認得那原本應當流瀉出來的音符，讓他們認出自己的原貌，確認之後，力量就會重現。

＊

如何在最短的時間裡，有條有理地化繁為簡，對另一個人清楚說明，他是一個什麼樣的人？

不只這樣，我還貪心地想做到更多。除了正確傳遞人類圖相關知識，我還渴望這段談話，可以在他的心上點一盞燈，不管當時看起來有多微弱。風中的燭光也可以亮得理直氣壯，亮得無比堅定。讓這個人體驗到光亮，讓他可以藉由這短短的過程，窺見自己原本被蒙蔽的可能性，看見他原本可以成為的模樣。如果能夠做到這樣的程度，那麼，從此之後，即使世界依舊亂糟糟，他會知道自己可以做出正確的選擇，他可以，活得有力量。

這是一項挑戰，任務不簡單，但是，我要做到。

拿到認證之後，我正式「出道」做人類圖個案解讀。內心不斷摸索著，應該以什麼樣的風格展現，我認為一門學問或知識不管多淵博，或多有用處，若是無法順利傳遞至彼端，無法真正觸動對方的心弦，不能真正服務到另一個人，讓對方的生命可以看見不同的風景，那麼，就算知道得再多，再怎麼厲害，也是枉然。

如何將這門學問轉化成有趣的版本，讓大家聽得懂？必須要把人類圖裡頭艱深拗口的術語，偏重西方思維的論點與範例，全部盡可能地在地化，盡我所能，以最淺顯易懂的方式，講成人人能懂的白話文。就像是杜甫的詩，要連老婦人都要能讀懂一般，要平易近人，要一針見血，但同時又不失其原貌與深度。如此一來，才能讓人類圖珍貴的知識與心意傳遞到彼端，找到那一條途徑，到你心的那一端。

怎麼做？不知道，有願就有力，有心就有路。

＊

反覆嘗試，反覆練習，然後不斷調整再調整。盡可能詳盡解釋，打開耳朵仔細聆聽區分，嘗試以各種比喻與範例來說明。同時，詳細聆聽每個人的回應，詢問他們的感想與體會，回去之後再思考，再修正，同樣的道理，不同的切入點，下次可以試圖再修正成一個更淺顯易懂的版本，然後再接再厲，再說一回。

初步推廣人類圖的過程，讓我遇到許多形形色色有趣的人事物，鍛鍊的過程極珍貴，與各行各業的人互動，我也從中獲得許多新鮮有趣的啟發。

首先，推廣人類圖需要跨越的第一個障礙點就是：沒人知道這到底是什麼！由於缺乏經驗值可依循，大家很自然也很快速地，自動將人類圖歸納為另一種新的算命工具，到底，人類圖是不是算命呢？

我們先來看看維基百科是如何定義「算命」：「算命。是一種利用個人切身資訊，例如臉與手的紋路，出生八字、姓名筆劃等配合術數來預測或判斷命運吉凶福禍的行為。」好吧，雖說，每個人的人類圖設計是按照個人的出生資料算出來的，但是嚴格來說，人類圖並不是一個算命的工具，或者我應該說，至少它與我們傳統所認知的算命，有很大的不同。

因為，知道自己的人類圖設計並不等於可以預測或判斷命運吉凶福禍，我們真的沒有預知未來的能力呀！人類圖是什麼？它是一種邏輯的方式，科學的區分，讓你更了解自我，同時，協助你做出對自己來說正確的決定。

此外，對於吉凶福禍，我個人也有不同的看法。

生命是一段旅程，倘若每個人都有其命運，比如每個人的人生，有些屬於範疇層面的註定，像是出生在什麼樣的家庭、文化與環境中。但是，所謂的吉凶福禍，不應當是直線思考，或是一翻兩瞪眼似地非黑即白。基於每個人的自由意志，在每個當下所做的選擇，我們創造出屬於自己的實相，與其將人生簡化為吉凶福禍，還不如看得更深，真正去察覺我們各自在生命中所扮演的角色，身在其中的心態，事後的體驗，增進對自我的了解，如此一來，人生才會有所成長與學習。

以上這段落落長的論證，重點在於：請你，為自己的人生負責任。生命中會發生什麼樣的吉凶福禍，沒人知道，但是，每個人都能在每個當下，做出對自己來說正確的選擇，既然選了，你也接受這個選擇所伴隨而來的一切，請你，為自己的人生負責任。

這也就是為什麼，當一開始有朋友以為人類圖是算命，帶著擲筊的心態前來，把我當成某仙姑擅長鐵板神算，期待找我批八字問事的時候，我通常會直接問他們：你為什麼來找我呢？不管是無法決定要換工作、戀愛的對象，或是可不可以和這個人結婚……林林總總集結人生百態的諸多問題，我的回答總是，我不知道，你要為自己的人生做選擇，決定權在你身上。我無法告訴你解答，我可以為你做的，是以人類圖這個工具，來協助你釐清與區分自己，當你更了解自己，區分你內心真正的優先順序，就可以清楚地為自己負責任，做出最正確的決定。

所以，人類圖並不是算命，這是我的看法，也是我的立場。這是一個協助每個人可以更了解自己的工具，至於如何做決定，請回到你的內在權威與策略，你會找到屬於自己的答案，沒有人比你更懂你自己的人生了，如果你不為自己做決定，又會是誰呢？

❀

我記得全球人類圖社群裡頭，最最資深的瑞迪老師曾經說過，每一張人類圖就像是一張樂譜，而人類圖分析師的訓練，讓我們得以讀懂這張樂譜，可以聽見每個人與生俱來的曲子。我們可以做的，就是透過言語彈奏，讓對方認得那原本應當流瀉出來的音符，讓他們認出自己的原貌，確認之後，力量就會重現。

我一直覺得這個說法很實在，也很美。

❀

往往在做個案之前，我會望著眼前這張人類圖，閱讀裡頭所標明被啟動的通道、閘門、能量中心，隱隱約約就能勾勒出明天將走到我面前的這個人，其獨特之處在哪裡，可以發揮多大的力量。只是，往往當我與對方見到面，並交談幾句後，很容易感到失望，因為我很快能分辨出，這個人此刻當下的現況，與這張圖上頭原本可以發揮的程度，其中落差之大，讓人惋惜。那樣的心情對我而言，其實很複雜。

就像祖師爺曾經分享的心情，我也有同樣的體會。明明看見這張圖，標明的是一輛保時捷跑車，耀眼充滿速度感，有能耐能高速奔馳，羨煞眾人，空氣中伴隨讚歎並揚起一陣塵埃。實際上見到面，卻發現這個人陷在不斷自怨自艾的迴圈中空轉，埋怨自己為什麼不能像卡車一樣載貨，然後更糟的還會自暴自棄，乾脆把自己停在車庫裡頭，日積月累身上累積了一層厚厚的灰塵，連漆都磨損掉，再也看不見原本的光采。

我身為人類圖分析師的工作就是，直接了當，開始動手拆解對方的心有千千結，溫柔且堅定，引導對方重新來定位自己。希望能讓苦主重新了解到，保時捷與卡車，兩者在這世界上各有其功用，何須比較？與其讓自己繼續鑽牛角尖下去，還不如公平客觀將一切攤開來，看看彼此的強項在哪裡，保時捷一輩子註定就是保時捷，不斷羨慕卡車又如何？這世界很大，各司其職才是重點。面對盲點，穿越的方法無它，唯有明確辨認出自己的本質。

如果把自己放在錯的位置上，那麼惹來的諸多挫敗與痛苦，說穿了，還不是自找的。接納自己，開始察覺，奇妙地，一切會開始迅速轉動，順流而為，逐漸回到自己應有的軌道上。保時捷與卡車，兩者都很好，都很棒，這世界寬廣，為什麼兩者不能同時存在?而你終究無法成為別人或任何人,你只能成為自己,拿到自己的一百分,活出自己,才會發光發亮。

理直氣壯地活著,你的存在就能化為這世界上最獨特的貢獻,無人能取代。

這個概念說來簡單,執行的難度很高,是一輩子的修練。畢竟每個人活到現在,已經被攪弄得異常混亂又複雜,分析師的工作就是抽絲剝繭,藉由人類圖所帶來的區分,不斷解套,解開那大大小小讓人心智混淆的套中套呀,需要耐心與同理心。等待,對方終於願意張開雙眼,再度窺見,原來這蒙塵的保時捷呀,清洗一遍後,竟然如此耀眼美麗。

人與人之間,真的不必比較。

繁華浮世,芸芸眾生,各自有其苦惱,也渴望有朝一日能有解答,渴望被聽見,被理解,被珍惜。每一個個案皆不斷提醒我,貪戀執意於完美無缺,是對生命本身膚淺的認知,每個人都有自己的課題,無人能代替你穿越,這是神的黑色幽默,不完美讓這一切很完美。

＊

有一回，我正準備著隔天的個案，我兀自望著桌上這張人類圖讚歎不已，用大家聽得懂的人話來解釋，這張人類圖設計說，此人最大的特長就是會讓人分心（看到這裡，你一定會忍不住大叫，什麼？為什麼要分心？這是什麼功能啊？）讓人分心的意思是：其存在會為眾人帶來靈感，帶來美與愛的體驗，因而分心。而分心其實是進化中一個很重要的過程，要先讓一個人從原本既定所專注的位置稍稍移開，開始開放，接受嶄新的元素，結合激盪整合過後，突變與創意才得以誕生。

我的腦袋轉個沒完，我想，如果一個人只要簡單存在著，就能帶來美與愛，讓人分心，進而找出新的創意，不就是活脫脫是一位謬思的設計嗎？謬思耶，好美喔，這會是什麼樣的一個人啊？擁有什麼樣的人生呢？我實在太期待了。

隔天，我們約在咖啡館碰面（我初期做個案解讀，都習慣約在咖啡館），大門一推開，有一個高高瘦瘦的女生走進來，咖啡館裡的所有人，紛紛同時往她的方向望（看吧！不費吹灰之力，她立刻讓大家分心了！）很快地，她坐到我的面前，那瞬間，我完全明白了何謂謬思了。她真的好漂亮呀，臉蛋小，五官都很精緻，皮膚透亮，一雙眼睛黑白分明，連講話聲音都好好聽，嫣然一笑就足以讓人心花朵朵開，我想只要是凡人，眼光一旦落在她身上就很難移開啦，原來是這樣呀，我真的見識到，謬思原來是這樣的氣場，只要單純存在著，就能讓人分心，同時帶來美與愛的體驗。

我忍不住問她，請問你是做哪一行的啊？她巧笑倩兮，真動人：「我是模特兒，專門拍平面廣告。」我猛點頭，心想這實在太妙了，好適合她呀，雲想衣裳花想容，這樣的人生設計實在太棒了呀，長得漂亮好吃香呀，天！我娘為什麼沒把我生成這張人類圖設計啦，這樣的人生多美好，只要站在那邊一顰一笑，就足以傾國又傾城，美麗的容貌太強大。這不就是眾人夢寐以求的理想人生嗎？

「你為什麼想解讀自己的人類圖呢？」我好奇問她。

「喔喔喔，我好想變聰明喔。」她突然一臉憂愁，原來憂愁也可以這麼漂亮喔，真的太不可思議了，「我不想當花瓶！我不想只站在那邊很漂亮而已。」她竟然難過得小聲啜泣起來，美女就是美女，哭起來還是很美，原來詩句裡的一枝梨花春帶雨，形容的就是如此。

「我好羨慕會講話的人喔，我覺得他們都好聰明，懂好多東西，辦起事情來好厲害。」

我一邊聽著她的憂愁，一邊想著，美麗的人想變聰明，聰明的人又想變漂亮，人總是想成為自己不是的，然後苦苦為難自己，人真的很傻呀！為了緩解氣氛，我開始解讀她的人類圖設計，故作輕鬆。其實我講得很認真，我告訴她，如果一個人能夠為大家帶來靈感，讓每個人感受到美與愛，那會是多麼棒的特質，聰明的人有他們的任務，你也有你的，不要羨慕別人，要學習羨慕自己，肯定自己，看見自己的美麗。

當然，我心裡還是忍不住羨慕著，如果下輩子還要投胎，我一定要當花瓶，無腦也沒關係，開玩笑，當美女真的好吃香耶，若能全然擁抱這款人生，一定很過癮！

＊

隨著時日過去，解讀的案例數量逐漸累積，「人類圖分析師」這份奇妙的工作，讓我認識好多人，每個人的人生，就像一本書，透過人類圖，在短短一兩個小時的談話中，他們與我分享生命中的煩惱，人人煩憂的梗也大不相同。這世界好大，每個人眼中看出去的風景都不一樣，引導大家以人類圖的角度，重新認識自己的同時，每一個來到我面前的生命，也在無形中默默影響了我，對人生，還有對這個世界的看法。

看多了，內心開始體驗到謎底揭曉的了然。

比如說，這世界上絕大多數人為錢所苦，我們常以為，只要賺到錢，只要在物質上安全無虞，人生的困難自然解決了大半，但是事實上真是如此嗎？

我有一次認真研究一張人類圖，從每顆星星所落入的爻以及整體看來，這張人類圖設計的主題簡潔直接。簡單來說，這個人終其一生要學習的課題是：「要明白，錢不能買到一切。而這世界上有許多事情需要被修正，也可以被修正。但是，你偏偏就會在這一生中，遇見某件事，這件事情是不管你有多努力多認真，到最後還是無能為力。經歷這過程，你才會懂得生命中所蘊藏的智慧是，不必修正，而是接受。坦然接納事情就是如此，應當如此。」

我當下想著，這也講得太概念了吧，真好奇這個人究竟活著怎麼樣的人生啊？

第二天謎底揭曉，一位風度翩翩的貴公子來到我面前，當我開口說出他的人類圖設計時，他沉默了許久，看著我，他告訴我，他畢業於全球排名屈指可數的著名學府，一路成績異常優良，順利拿到碩士。不僅如此，他的家世優渥，一輩子完全不愁錢。同時，他也很清楚自己外貌出眾，真的很帥，高大英挺，女人緣超好，論人才、論聰明皆是上上之選。

他長年運作非營利組織的基金會，總想貢獻一己之力，讓這個世界變得更好，由他統籌，不斷影響並動員名流捐錢出力，將愛化為實質的助力，不間斷地資助第三世界國家，尤其是罹患愛滋病的病童。

「我以為這可以讓我快樂，我錯了。」他的真誠讓人動容，「我像超人到處飛，認真努力以為可以拯救一整個世界。但是，到最後，我卻救不了我自己。」

「錢不能買到一切，我明白這道理，真的是如此，我認識許多有名的人物，非常有名，全球各行各業的佼佼者，但是你知道嗎？了解他們愈深，就會發現他們每個人的內心，其實都有很多破洞，所有這些累積的金錢、虛名與成就，只是每個人以不同的方式來填補心裡的洞。我這輩子活到現在，見過這麼多人，活得完整而且心沒有破洞的人，屈指可數，在我看來只有兩位，一位是達賴喇嘛，一位是曼德拉。」

「所以你見過他們本人？」我眼睛瞪得很大。

「對啊。」他望著我笑了，話匣子打開就滔滔不絕，「我邀請過他們，真的好神奇，他們就是可以引發每個人內心的良善，激勵大家渴望成為一個更好的人。」

「那一件我一輩子永遠無法改變的事情，你想知道是什麼嗎？」他的眼中隱藏著憂傷，「我爸爸長年酗酒，我從小認真念書得到好成績，要自己聽話做個好孩子，逼自己考上全世界一流的大學，成為一個有用並傑出的人，累積成就。我以為，這樣他就會停止喝酒，我以為有一天他會以我為榮，我逼他要改變。但是，不管我多麼努力，想盡辦法，他的人生就是無法快樂，他就是繼續喝得爛醉。我愛他，我氣他，我怨他，甚至我也恨他，為什麼我就是無法修正他的人生，直到他去世。我想，他可能永遠都不會知道我有多愛他。」

不必修正，而是接受，坦然接納事情就是如此，應當如此，不完美才完美。

❀

那天下午，回去之後他發了一封很長的訊息給我，他對我說，他懂了。

訊息的內容大概是，雖然現在還不確定自己是否能做到真正坦然，但是，至少這將是一個新的開始。或許，飛奔至全世界各個角落的超人拯救生涯，可以暫時先停下來，讓自己喘口氣。至於對爸爸的愛，就算永遠再也沒有機會能夠面對面，好好擁抱彼此，但是一直擱在內心的懊悔與心結，卻在無形中，開始鬆綁了，和解就變得有可能。他在訊息的最後寫著：我想，父親雖然已經不在人世間，但是在靈魂的層面，他一定可以收到我對他的歉意，還有愛。

他存放於眼底的憂傷，讓我印象深刻，我也忘不了當他恍然大悟之後，像是雨後出現的一道彩虹一般，眼光閃耀著希望，那麼放鬆，那麼溫暖與坦然。

每個人有每個人的關卡，各有各的盲點，以及自認跨不過去的困局與為難。或許，平凡如我，永遠無法做到先天下之苦而苦，後天下之樂而樂。但是，聽多了，認識愈來愈多的人，逐漸懂得更多，看得更深，但願自己具備更深刻的同理心，能換個角度去理解並體會到，這世間所有的離合與悲歡，進而有能力支持到更多人。

❀

當然，解讀的過程中，有感動，有掙扎，也有不怎麼愉快的經驗。

我其實很怕遇到那種只執著於「解答」的人。比如說，對方只想聽見我給出一個確切的答案，像是他應該做哪一行，他該換什麼工作或填什麼科系才有出路，又或者是他應不應該結婚，要不要分手這類，在執著於從別人口中得到正確答案的底層，真實透露出來的只是「不願意為自己的人生負責任」的態度。

若不願意回到自己的內在權威與策略，為自己的人生負責任，把自己的力量找回來，就算真的遇到仙佛下凡，也是無可奈何啊。

❀

另外，還有一種不斷批評自己，討厭自己每一項特質的人，也實在很妙。有次我見到一個女孩兒，她真的很特別，長久的混亂大概已經鍛鍊她具備高層次的天賦異秉，她總可以以負面的角度，來看待自己身上原本可以是正面的特質。當我告訴她，她的人類圖設計裡頭，具備天生的領導能力。她立刻反駁，「但是我爸媽說，女孩不要強出頭比較好。」我接著說她還有一樣獨特的特質是因為別人很容易信任她，所以會把重要的任務交代給她，她立刻無奈地說：「我討厭這樣，因為這樣我很累，我希望大家都不要信任我。」我說：「其實你很聰明，可以在最短的時間內找出事情的來龍去脈，把事情的核心看分明。」她立即快速回我：「你的意思是聰明反被聰明誤，我懂，這就是我人生最大的悲劇。」我覺得這實在太好笑了，於是，我指著她的人類圖上，其中一個被啟動的閘門說：「你這個人超級喜歡唱反調的喔？」連想也不用想，她像是自動化的彈簧一般立即回應：「哪有？不會啊，怎麼會，才不會！」

我瞪大眼睛看著她，忍不住大笑起來，她也笑了，這笑聲緩減了她習以為常的武裝，愈來愈多的自我覺察，才開始讓她願意心平氣和靜下來，仔細聽進我對她說的話。

當她看見，自己究竟以什麼樣的負面觀點，不斷防衛著，攻擊著，用盡氣力與全世界對抗著，以為只要封閉自己，就會安全，殊不知這對自己好殘忍，若是反反覆覆如此自我攻擊，自我否定，怎麼看得見自身的美麗，好可惜。

後來，她告訴我那天的談話看似嬉鬧，其實對她產生極大的衝擊。那是第一次，她真實看見自己如何假裝著，欺瞞著自己，只需否定一切去活著就好，原本以為只要隱藏好自己就會安全，卻沒想到對自己愈來愈憤恨，那底層有的是極大的不安全感。

她說自己回家之後，獨自痛哭一場，哭完之後，像是終於發洩出體內原本緊抓壓抑的東西，結果，原本久久停滯沒來的月經，第二天就來了，神奇得無比順暢。

她一定要寫信給我，非常感謝我，她認為我有不可思議的魔力，實在太神奇。

我一邊讀著她的信一邊覺得啼笑皆非，只能說這世界真是一種米養千百種人呀。

❀

人類圖解讀，就如同一次提綱挈領的簡報，勾勒出一個人生命的主題，與生俱來的才能，還有不斷面對的挑戰。談著談著，讓我們找到一條微妙的路徑，從這一端，連結到彼岸。如果你願意放輕鬆，人與人之間，為什麼不能真實以對呢？暫時卸下不必要的武裝，不需要粉飾太平。單純的，我們可以先談談你的困惑，你的煩惱，讓人想不通的心結，還有你習慣鑽牛角尖的死胡同。聊一聊，聊開了就好，看懂了就好。事實上，每個人都有脆弱的那一面，生命的混亂不可避免，別忘了，混亂的底層，蘊藏著蛻變的智慧。當你開始察覺，自然而然那處於核心的困難點，就此悄悄轉換了。

那幾年，我宛如化身專聽祕密的樹洞，靜靜地，聆聽著。這過程中，何其有幸，我得以看見每一個人的生命底層，宛如一池深邃的湖水，映照出正在糾結與掙扎的倒影，同時也看見其中透露出的堅毅與勇敢。

人真是具備無限的可能，就算脆弱無助，恐懼來襲，如果願意相信自己，去挑戰，去冒險，去伸展，活出自己，再多踏出一步，延伸至更廣闊的未來，必定能引發出自己內在更大的力量，萌生蓬勃盎然的生機。

另外非常常見的是，眾生大半覺得人生苦，望著自己的人類圖版本，覺得這張考題真是困難極了，一轉頭比較起別人的，忍不住好生羨慕起來。我常說，這是初識自己人類圖設計的第一階段：「覺得自己好慘。」如果你覺得自己好慘，恭喜你，這是接納自己的第一步！之後不需要太久，在人類圖的世界裡看得愈多，慢慢就會想通第二層的道理，那道理就是：「別人的人生也好慘啊！」非常好，當你發覺自己內在竟然冒出這款獨白時，就表示你的覺知層次已經順利大幅跳躍提升，因為你不再只看見自身的爛，開始眼界大開看得到別人也很爛，再次恭喜你！

而成長就是這麼奇妙的一件事，如果有一天，當你一覺醒來，突然了悟到，「啊！大家的人生設計其實都很爛，只是爛在不一樣的地方，既然如此，如果我願意換個角度想，每個人的人生當然也有好的地方，人生有好消息，也有壞消息，沒關係，我和你的人類圖設計都很好。」那一刻，幾乎離涅槃只差一點點的距離，終於，得以完整地接納了自己，同時，也真正與這世界和解，充滿愛、平和與喜悅。

一張又一張的人類圖，帶領我認識了一個又一個截然不同的生命，奇妙像是一條又一條緣份的線，牽引著彼此，不管是新朋友或舊朋友，我的朋友們帶著更多的朋友，逐漸連結出一個溫暖的網絡，引發更多人願意踏上這條認識自己的道路。

原本我也只是一曲獨自在黑夜裡彈奏的樂章，出乎意料之外地，有更多更多人聽見了，開始逐漸加入不同的樂器、不同的和弦、高低的合音，以彼此的心聲激盪著，共振著，於是無形中，觸動了更多的心弦，也開啟了往後更大的可能。

第十二章 路標顯現

當一個人真實地，成為自己，屬於你的道路會開始出現，道路出現，怎知道？別擔心，沿路上必定會開始出現許多機會與邀約，一個又一個路標隨著前行的腳步，開始顯現，像是一條隱形的線，引導你朝正確的方向走去，步上屬於自己的靈魂之路。

❀

拿到人類圖分析師認證之後，我還是持續與國外連線上課，學習不同主題的工作坊，同時也朝更多課程老師的認證資格前進。好幾次，上課的時候，我們以各自的人類圖設計作為範例，鈴達老師望著我的人類圖時，總會說：「Joyce，你準備好要教課了嗎？你的設計是天生的老師呢。」

「啊……」我在內心真是感到吃驚又慌張，只能回覆她：「我可以嗎？我行嗎？我覺得我還有好多好多還沒學完，我也不確定我準備好了沒有呢。」

「當時間到了，路標顯現，你會知道的。」她在螢幕的另一端，溫和又慈祥，一如往常。「我認為你會是個很棒的老師的，因為呀，老師，是永遠無法停止學習的學生。」

當時的我，並不確定她所說的路標顯現是什麼意思，更不知道有朝一日，我到底能不能成為一個好老師，我只知道自己熱愛人類圖，也喜歡以一對一的方式，做人類圖個案解讀。

從一開始的菜鳥人類圖分析師，默默地緊張得要命，像是跳入大海一開始游泳的生手，跳入水中一瞬間，突然接觸到透心冰涼的海浪，不由自主地「啊」一聲驚呼，手腳不協調也要拚命划水，謹慎又僵硬地游著。只能更嚴格要求自己，認真又嚴肅地看待每一個細節。漸漸地，我開始抓到自己喜歡的節奏，經由反覆不斷練習、聆聽、修正溝通的切入點，然後再練習、再修正，如同隨著呼吸與韻律回應著浪潮，游著游著愈來愈適應，游著游著愈來愈得心應手，然後真的充滿驚喜地，開始享受這過程，隨著水光瀲灩浮動前進著，有一種忘我的快樂。

我喜歡解讀的時候，說著說著，在某一瞬間，眼前這原本冷若冰霜，與我素昧平生的人，慢慢的，表情像冰一點點融化了，慢慢的，眼神裡開始閃亮，整個人變得溫暖而柔和，像是在靈魂層次點燃了一小點的火花，然後我就知道，身為人類圖分析師的我，工作完成了。

我記得祖師爺曾經說過一個故事。他說，有一回，他搭飛機回家，座位旁邊坐了一個老太太，老太太好奇問他：「你是做那一行的啊？」祖師爺認真想著，該怎麼解釋給她聽呢？他決定這樣說：「我的工作就是飛到世界各地，然後負責告訴每個人，你是OK的，你是沒問題的，你只要做自己就好了。」他常說，自己是全世界第一個人類圖分析師，我們正在經歷的一切，他都能感同身受。我非常喜歡這個故事，我也認為這就是人類圖分析師最真實的體驗。

＊

在每一個人最原始的內心深處，我們早已經知道什麼才是自己真心所愛，情之所鍾，只是那外在的制約，混亂的社會化過程，掩蓋了原本真實的意念。身為人類圖分析師，我們無法，也不應當告訴你所謂的標準答案。我們的養成與訓練，只是重新設立範疇，為每個人提供某些不同以往的觀點。若能找到一種方法，重新去拆解那團足以迷惑心智的混亂，回到內在權威與策略，就會發現，你具足所有的力量，而答案已經在你心中。沒有選擇，愛你自己，你是沒問題的，只要做自己就好了。

當一個人真實地，成為自己，屬於你的道路會開始出現。道路出現，怎知道？

別擔心，沿路上必定會開始出現許多機會與邀約，一個又一個路標隨著前行的腳步，開始顯現，像是一條隱形的線，牽引著無形中的祝福，一步步巧妙又神奇地，逐漸引導你朝正確的方向走去，步上屬於自己的靈魂之路。而屬於我的路標，就如同鈴達老師所說，也開始顯現了。

❀

話說成為分析師之後，一開始只接個案的我還滿自得其樂。有一天，一個來找我做人類圖解讀的朋友，她的名字是黛比。我清楚記得那一天，當她坐在我身旁，聽我講完一連串她的人類圖設計，我們練習了薦骨的聲音。然後，不預期地她竟然開口問我：「Joyce，你會開課嗎？我覺得人類圖好有趣，好想上人類圖的課程，你願意成為我的老師嗎？」

「啊——」我的薦骨發出了驚慌的聲音，整個身體不由自主往後退。

對於自己的反應，我忍不住笑了出來，黛比也笑了，我回答她，「或許吧，等到我準備好的那一天。」我很清楚當下自己的薦骨的回應並不是Yes，不管腦袋編出什麼樣的理由，我知道在那個當下，那還不是我內心的真實。

＊

話說人類圖體系的核心課程有七個階段，上完七個階段是人類圖分析師的必經過程。祖師爺說過，並不是每個人都要成為分析師，這也就是為什麼前三階段的基礎課程，立意就是要開放給一般大眾，以實用與運用為主軸，讓每個人都有機會認識人類圖，並運用在每一天的生活中。

在拿到人類圖分析師認證之前，我已經順利拿到第一階段的引導師資格（Living Your Design Guide）。從認證的角度來看，我早已可以開始授課，但是總覺得自己還沒準備好，面對未知的恐懼，對於課程即將全程以中文呈現，我自行在腦中編織出很多恐懼，包括：真的有人會想來上課嗎？（招生很麻煩耶。）到時候我上台要講什麼？（一定要找出非常詳細的規畫與架構，我行嗎？）要去哪裡開課？（適合的場地在哪裡？）我如果講得不夠清楚，沒人聽得懂怎麼辦？（開始對自己產生懷疑。）

人類在意識上的進化，是一段曲折蜿蜒的過程。個案與課程的不同就在於，個案諮詢著重的是深度，而課程的重點在於廣度，有更充足的時間得以完整地，引領大家了解人類圖的整體架構。同時，透過課堂裡與同學們的互動與分享，不僅止於學習，還能體驗到每個人是如此不同。除了理解別人的人類圖設計，還能學習如何接納，進而產生更大的同理心。

我喜愛課程，當一群人真實坐在教室裡，開始分享彼此在生命中所經歷的種種，許多珍貴的領悟與蛻變，就在課堂中宛如天光乍現，照亮了內在原本幽暗的角落，讓蛻變變得有可能。

但是，我準備好站上講台了嗎？

黛比的詢問就像是第一次清晰的路標，不預期地，在我的面前顯現，之後開始陸續又有朋友問出類似的問題，我漸漸發現，若這是正確的道路，宇宙必然會以各種充滿創意的方式來提醒你，周圍的訊息像是一次一次對著我舉牌，也像是從遙遠的幽谷傳來呼喚，一次又一次，直到你願意認出自己，願意坦然迎向這趟旅程。

我準備好要成為講師了嗎？我準備好面對眾人了嗎？我準備好要迎向下一個挑戰了嗎？愈是聰明的腦袋，愈會執著於過去既定的經驗值，無法清楚判斷未知，只能對之前沒有做過的事情，產生蜘蛛網般糾纏的質疑。

我打開自己的人類圖，像是點貨一般，看著其中標明與恐懼相關的閘門，我熟知這其中蘊藏的每種意涵。我清楚知道自己底層的恐懼，恐懼失敗、恐懼權威、恐懼人生虛度沒意義、恐懼未知，加上空白頭腦與邏輯中心所衍生出來的非自己對話，總會不自覺地，不斷如見縫插針一般，編織許許多多假設性的疑問與恐慌來嚇自己。若以分析師的訓練來反思，我也明白繼續放任自己深陷於混亂之中，爭辯不休，那裡也去不了，到最後，也只能與恐懼糾纏而無窮無盡。

❀

無法關掉腦袋的混亂對話，卻可以好好觀照它如何荒唐鋪陳，徒擾心智。

這讓我想起祖師爺曾經說過，七年去制約的過程，或甚至之後，所謂的非自己混亂並不會從此消失，差別在於你可以更快察覺，更快回到自己的核心（回到內在權威與策略），再次重歸清明，每個當下都可以重新再做一次，有意識的選擇。而對我來說，我已經準備好勇敢地，做出一個有意識的選擇了嗎？

有一晚，我與老公閒聊，當我又忍不住焦慮地開始自我辯證，那些我想開課，又或者是我不想開課的理由，分裂成正方與反方，仔細評估又自我質疑著，聽我焦慮地講了一大堆顧慮，冷不防，他氣定神閒地問我：

「你準備好要開課了嗎？」

「嗯！」不假思索，我的薦骨突然發出一聲強而有力的回應。

「怎麼可能？」我自己都好吃驚，我的腦袋原本充斥的那堆混亂對話，突然呈現大當機。

「你的薦骨回應了，你已經準備好了。」他安靜而篤定地看著我。

一陣沉默。

腦袋的混亂來自恐懼，薦骨的回應源於創造。

固定的舒適領域很舒適，只是人生追求的不該只是舒適而已，那些我所渴望的夢想與遠景，早已插上翅膀，綁上動力機，匯集成一股力量，很純粹也很豐沛，足以帶我脫離這原本的舒適圈，蓄勢待發。

當然，這並不代表薦骨有回應的選項，從此保證會自動導向康莊大道，一帆風順。事實上，許多時候薦骨真正有所回應的選項，不見得是之前已經經歷過，或是自己早已駕輕就熟的選項。

薦骨回應的僅止於此刻當下，而薦骨的聲音所做出的「正確」決定，極有可能與腦袋認知到「應該」或「合理」並不相符。但是長遠來看，往往愈走愈遠才愈能明白，若是回歸內在權威與策略，一切都有其鋪陳，就算這段過程乍看是錯誤，長期來看，也會是正確而必須經歷的，是為了成長的必經之路。

❀

當我接受了自己薦骨所回應的選項：開課，伴隨而來，就是一連串從來沒處理過的麻煩事。開始備課，面對的是繁雜的中英文翻譯，開始招生，又忍不住擔心學生到底在哪裡？自不熟悉中默默摸索著，嘗試以各種不同的管道，盡其所能，熱切想與大眾溝通人類圖到底是什麼……種種原本我之前沒做過的新嘗試，開始出現了，見招拆招，想辦法克服，一定要做做看，做了才知道行不行得通。行得通很棒，可以繼續做下去，如果行不通，就要從結果中學習如何再做調整，現在沒辦法，並不等於不可能，這只是代表著，現在的我還沒想到辦法，只要不放棄，總會找到方法，總是有路可走。

回到內在權威與策略，一步一腳印，克服困難，依舊焦慮，還是不安，再解決下一個困難，似乎人生這條路，就這樣開始以腦袋無法預期的方式，在我的面前舒展開來。

當時閱讀到以下這段話，為我帶來很大的支持與力量：

「有時，人生像是拿磚頭砸你的腳，切勿喪失信心。我確信我愛我所做的事情，這就是這些年來支持我持續往前不懈的唯一理由。你必須找到你的最愛，人生伴侶如此，工作上亦然。你的工作占據你人生的大部分，唯一能獲得滿足的方法，就是做你認爲偉大的工作，而唯一能做偉大工作的方法，就是深愛你所做的事。如果你還沒找到這些事，請繼續找，別停下來。盡你的心力，你知道一定會找到，而且，如同任何偉大的事業，事情會隨著時間漸入佳境，所以在你找到之前，繼續找，不要停下來。」（賈伯斯。Steve Jobs）

我記得，開人類圖課程第一班的前一天，一切終於逐步就緒，我去採買了人類圖第一堂課所需要的文具用品，我買了書夾，也買了筆，紙，名牌，還有許多細瑣的小物件。

這原本也就是緊湊的一天，就像每一個匆匆忙忙的日子而已。

只是當我站在櫃台前，默默等著結帳，那一刻，我站在那裡，突然間，我發現自己從未那麼確定過，那麼真實感受到，開第一班課程即將發生，會有一群人走進教室來，然後，我將開始正式傳遞人類圖完整的訊息。正式的，用中文，以我的方式，說出來。

之前處理關於公司或課程的一切，包括找會計師，送件，拿公司大小章，處理銀行，發票，所有的瑣事，不知道為什麼，都沒有這一刻——當我拿齊了所有我想得到上課將需要的文具，默默等著結帳的這一刻——來得真實。

是的，這一切即將成真。

❀

在我走了這麼遠的路之後，多麼幸運，我找到了最愛，找到了此生最想做的事情。

然後，如同任何偉大的事業，事情會隨著時間漸入佳境。我突然願意相信了，事情就是會這樣進展，一點也沒錯。我如何知道？因為Steve Jobs這樣說了，而我相信了他，我的心與這些言語共振著，當我讀著他講過的這段話，眼眶突然就濕了。這並不是悲傷的眼淚，而是一種很複雜的感覺，裡頭揉合了喜悅遲疑解脫，有些微感傷也為自己感到驕傲，同時充滿無限的感激與感動……

原來是這樣啊！原來是這樣。我想，這就是路標顯現之後，這就是正在做自己認為偉大的事情，內心湧現的真實體驗吧！

開課那一天，我心跳加速，手腳微微發抖，無法分辨是緊張還是興奮，強裝鎮定，第一次站上講台講人類圖。凡事起頭難，但是只要開始了，也就不難了，站上台的那瞬間，就像打開了一扇全然不同的門，為我自己也為周遭的人開啟了一個與以往全然不同，奇妙的世界。

薦骨是對的，我已經準備好了，超越腦袋所能想像的，一切就是那麼自然而然地，再也停不下來了。

第十三章

夢中的教室

「所有的焦慮與不安都只是腦袋製造出來的混亂，信任生命自有其節奏，信任一切真的都會很順利，信任正確的事情將自然出現。當你準備好了，該發生的就會發生，如果還沒發生，只是正確的時機還沒到來，而你，只要做好該做的事情就好了。」

是的，做好該做的事情。

傳遞新的想法，你要多說幾次。

第一次，眾人笑你傻。第二次，沒人懂得你。第三次，或許有人願意聽一下。第四次，反覆讓人熟悉，逐漸放下排斥的心。第五次，開始有人願意相信。第六次，有機會證明可行。第七次第八次第九次第十次，流行、普及、或許有一天將成為約定俗成，既定的道理。我們笨拙地進化著，不斷地說服別人也被說服著，總是要提醒自己，要有耐心。

❀

順利完成第一班人類圖初階課程之後，接下來要面對的挑戰，就是要去哪裡找到第二班、第三班，以及接下來更多班的學員。拓荒的道路總是孤獨的，不僅資源有限，當時常常覺得自己像個孤島一樣，尤其當全世界幾乎沒人知道，你究竟在講些什麼天外飛來一筆的外星話，研究人類圖是快樂的，為人做個案也是快樂的，但是如何招生？如何號召更多人一起來學習人類圖？一開始的確讓我傷透腦筋。

為了讓更多人知道人類圖究竟是什麼，我認真做了很多嘗試。比如說，除了原本的個人解讀諮詢，我開始認真研究新課程，不斷思考如何能以專題工作坊的方式，讓人類圖變得更實用，希望縮短人類圖與大眾的距離，同時，我也陸陸續續舉辦一連串開放給大眾的免費講座，努力嘗試以各種不同的角度切入，嘗試以更淺顯易懂的方式，讓大家知道人類圖的概念。

研究人類圖與推廣人類圖，是兩種完全不一樣的任務，面對的難題截然不同。研究時的困難在於如何抽絲剝繭，了解知識層面的複雜度，整理並體驗它，推廣時的困難在於，如何將理解的知識巧妙轉化，以簡單又易懂的方式再度傳遞出來，期待足以引發完全不了解人類圖的人，能夠藉由各種有趣的傳遞方式，願意進入這扇神奇的大門，進入人類圖博大精深的世界。

由於沒有前人的經驗可依循，我也不免感覺到慌張。一開始開課那段時間，我習慣對自己信心喊話。每次要開課前，就會擔心沒人報名，緊張兮兮，患得患失，然後再笑笑跟自己說，沒關係啦，反正你就是個怪胎異類，沒有人知道你在幹嘛也是正常的，就算到時候每一班只有小貓兩三隻，也不要洩氣啦，不繼續走下去，誰知道會怎麼樣呢？

❀

有一晚，我做了一個夢。

我夢見一個好大好大的教室，像以前我在紐西蘭念大學時的那種階梯型教室，好漂亮的木頭椅子，前面是講台，其餘三面都是大窗戶，窗戶外頭可以看見樹木，充滿綠意。更希奇的是，這間大教室可以容納一百多人，竟然都坐滿了學生，大家都好開心呀，大家正在鼓掌，因為我正要開始上台講課了！

在夢中，我對著空氣大叫：怎麼可能會有這麼多人啦？怎麼可能會有？而且有沒有搞錯？這是階梯型教室耶，這麼大，這種教室只有在大學裡才會有耶，我可能站在這裡嗎？會有這麼多人要來聽我講課嗎？你們是不是搞錯了啊？

然後，我就醒了。

當時一班招生的人數總是好少，我是那麼焦慮。當時那個夢，就像是遙遠遙遠的宇宙深處，帶給我一個夢幻般，無法想像似的幸福，宛如一個安慰，讓我想起的時候，嘴角會有微笑，心上會有暖意，只是自己根本無法相信會有成真的一天。我一直記得這個夢，算是宇宙給我的一個非常美好的祝福吧，我忘也忘不了。

有一回除夕夜，我邊守歲邊與人在美國的鈴達老師連線上課。到最後，她問大家，有沒有什麼問題呢？當時，為了招生的事情而感到焦慮的我，忍不住問她：「老師，你有沒有曾經感到恐懼？懷疑究竟有沒有人會來上人類圖課程啊？」電腦連線的那頭，傳來鈴達老師好熟悉的笑聲。

「當然有啊，十年前當我一開始在美國教導人類圖的時候，我完全記得當初我有多緊張焦慮充滿懷疑……」她說：「我完全明白你現在的心情。」

「你只能信任……」

「信任？」

「是。信任，信任這本來就是你此生該做的事情，信任你原本就是要成為一位老師，當你忠於自己走在屬於你的軌道上，那麼，對的人會在對的時機點，與你相遇，成為你的學生。」

當她這樣說的時候，我在地球的這一端，螢幕的另一邊，突然眼眶一陣濕熱，鈴達老師慈祥的聲音，從地球的另一端，宛如暖流傳送到我的心裡。

「所有的焦慮與不安都只是腦袋製造出來的混亂，信任生命自有其節奏，信任一切真的都會很順利，信任正確的事情將自然出現。當你準備好了，該發生的就會發生，如果還沒發生，只是正確的時機還沒到來，而你，只要做好該做的事情就好了。」

是的，做好該做的事情。

我還是繼續努力地，寫文章，開講座，做個案，不管自己有多焦慮，盡可能維持自己心智上的紀律，與其過度恐慌，還不如如履薄冰，做好每一件我想得到的事情。雖然神經總是好緊繃，很神奇的，一切總是超越想像般順利，不管人數多少，每一班同學來自四面八方，每一次都是神奇的相遇，我們也相互激盪出精采的火花。每一個人，都像是一顆美好的種子，人類圖影響了他們的生命，他們也影響了周圍的朋友，默默介紹了更多人走進人類圖的教室裡。而每班的人數就這樣緩慢而穩定，像株植物自成節奏地生長著，隨著時日過去，愈發生氣盎然。

＊

時間過得很快，我一邊授課，帶領更多人進入人類圖的世界，一邊繼續與國外學院連線上課，取得更進階的授課老師資格，隨著同學的人數愈來愈多，人類圖的課程也愈來愈多元。當我進入開課的第三年，正在籌備某一班的某一天，突然間，回顧我摸索中開課的這幾年，這整個拓展的過程，其實也完美地反映出我的人類圖設計，而我也更深刻體會了鈴達老師所說，所謂「信任」的道理。

在人類圖的體系裡，有一個非常重要的部分，代表的是每個人與外在建立連結與交流的方式—Profile（人生角色）。人類圖的體系細分成為許多不同的部分，四大類型決定各自不同的人生策略，六十四個閘門決定一個人的特質，三十六條通道講述的是三十六種不同的天賦才華，九大能量中心定義你的本性，以及後天開放接受外在影響與制約的課題，輪迴交叉代表的是當一個人活出自己本質時，與生俱來的人生使命。那麼，人生角色是什麼呢？

「**人生角色**」獨立於這一切之外，在這個層面訴說的是，一個人與外在建立連結的方式。

什麼意思？你要了解，自每一個生命誕生到這個世界的那一刻開始，就是一連串向外擴張的過程，人無法孤絕於一切而存在，我們相互以各種不同的形式，在有形與無形之中緊密連結著，彼此支持，相守也相連。想想看，襁褓中的嬰孩未能言語，無法自理，一生下來即有父母照料，以血脈形成連結。接著，當孩子開始長大，與家族、學校與同儕交流，漸漸成熟為成年人，人際網絡開始向外擴張，以各種不同的形態，與這個社會，還有這個世

人類圖範例 6

類型	人生角色	定義
生產者	1/4	一分人
內在權威	**策略**	**非自己主題**
薦骨中心	等待，回應	挫敗
輪迴交叉		
Right Angle Cross of Sphinx (1/2 | 7/13)		

界建立連結，以不同的方式互動，共享共生，共榮共存。人類圖裡的十二種人生角色，正代表著，每一個生命如何向外舒展開來，所擅長的行為與模式。

簡短來說，有的人生角色必須自碰撞中學習，在嘗試錯誤中成長，他們的韌性與彈性驚人，可以愈挫愈勇，在碰撞中摸索出一條可行之道。

有的人生角色擅長建立人脈，他們很容易與人為善，自然而然就能成為大家的好朋友，對於四海都是好朋友的他們來說，人際網絡就是他們與這世界串連的最有效方式。

有的人生角色擅長影響陌生人，為眾人提供解決方案，務實而值得仰賴。

有的人生角色永遠維持客觀而抽離，有的生來會是某個領域的天生長才，有的充滿反叛，要以顛覆來翻轉既定而僵化的一切，好讓重新建設，在未來變得有可能。

❀

人生角色這一欄看似簡單，其實裡頭的學問很深，同時也涵蓋了各種實際運用的可能性。由於不同的人生角色，其處世風格，與人連結的方式迴然不同，當一個人回到內在權威與策略來做決定，就會自然而然發現自己正不費力地，以最適合自己人生角色的方式，與外在的世界建立正向而緊密的連結。

舉例，我的人生角色是1/4。這樣的人生角色，很容易在最短的時間內，成為大家的好朋友。而我們喜歡以研究、內省與深入探究知識的方式，與周圍的好朋友分享，建立社群，以網絡的方式向外擴張。而適合的機會點，必定會以朋友為基礎，向外擴展，藉由分享，以朋友形成網絡，自然而然由朋友介紹更多朋友，像是一條又一條看起來微細，形成情誼向外連結的網絡，共同分享著某些專業領域的知識或學習，向外擴展。

這也巧妙反映出來，當我一開始開課的時候，走進教室裡的，絕大部分都是我的朋友，或者是朋友的朋友，而日後的臉書盛行，亞洲人類圖學院的擴展，也拜社群機制盛行之賜，由認識的朋友串連起原本不認識的朋友，與朋友分享我所學習或體會的一切，對我的人生角色來說，這就是最自然的拓展方式。

而適用於1/4人生角色的方式，不見得適用於其他人生角色的人。比如說，如果是人生角色3/5的人，他們會多方涉獵，不斷在嘗試錯誤中學習，最後以舊瓶裝新酒的方式，重新整合所學，為世人提供務實的解決方案。他們不見得擅長成為別人的朋友，但這無損於他們與外在建立連結的方式，因為十二種人生角色，各有其適合的模式，與環境形成交流。

❀

《牧羊少年奇幻之旅》這本書上說，當你真心渴望追求某種事物的話，整個宇宙都會聯合起來幫你完成。我想，人類圖可以為這一句話做補充：當你真心渴求，整個宇宙會以你的人生角色所適用的方式，縝密而精細地串連你需要的人脈與資源，與你一起來完成。

這也就是為什麼，在一路上，要感謝的朋友實在太多了，我的朋友帶來了更多的朋友，還有朋友的朋友，串連起人類圖在地化的社群，集結了一群熱愛人類圖，也熱愛生命的好朋友。而五年就這樣一溜煙過去了，一班又一班陸續開課，圓滿結業。

曾經有朋友問我：你的商業模式是什麼？我無法講出一個確定的答案。當初本人決定要學習人類圖，決定推廣它，雖然每次解讀上課的時候，我總是貌似輕鬆狀，講講笑話，像是脫口秀一般容易，其實我很少提到過去這八年多來，我是如何認真用力地，又是花多少心血，默默研究與搞懂這門學問，這門學問本身既然這麼有邏輯，其實知識的本質並不會太有趣，加上文化的差異，來自國外的支持其實微乎其微，要紮根要在地化，有很大的鴻溝要跨越。

回頭再看，這不就反映出我的人生角色必經的路途嗎？以學問與更多的朋友交流，逐漸匯集動能，成為社群，成為一股帶來新思維，不可忽略的力量。

❀

故事進展至此，當開課邁入第四年，我們曾經租用過不同的場地與教室，有一回，原本使用的場地要挪作它用，我們又再度需要找尋新教室。我記得，炎夏將盡的午後，感謝好幾位朋友的幫忙，終於找到好幾個堪用的場地，行程也都符合，正鬆了口氣，想要打道回府時，Alex 老師說，有某大學的場地，我在網路上看過不錯耶，既然都出門了，要不要順道去看看呢？

「嗯。」我的薦骨回應了。

那是一個非常美麗的大學校園，管理員阿伯開門讓我們看了四、五間教室，都很好，但是因為桌椅的關係不適用，我告訴管理員阿伯，我想要長桌耶，因為我的學生們要把資料攤開，大學椅不方便啦。管理員阿伯皺著眉頭說，要長桌是有，但是那個教室很大耶，你們要看嗎？

我說，哎呀，反正都來了，當然看呀!!

於是，管理員帶著我們繞過了荷花池（是的，我跟你說了，那是一個好美麗的校園呀）不遠處可以看見一片樹林，充滿綠蔭，我們走進了一所會館，他用鑰匙打開了那一扇大門，把燈打開……噹噹噹噹噹～～

你猜到了嗎？

對，那就是好幾年前當我開始教課，出現在夢中的那個教室。就是它，它正好整以暇靜靜地望著我，我簡直不敢相信自己的眼睛，那一瞬間，我全身起了雞皮疙瘩，然後，眼眶開始發熱泛淚，一句話都說不出來。

這間教室似乎微笑著，我彷彿聽見教室對我說，你來了，你終於來啦。

這實在太困窘了，如果管理員阿伯看到我在哭，應該會以為我是神經病吧。我只好快步走到教室的角落邊緣，假裝看窗外，內心默默再次確認著，對，窗框沒錯，對，看出去的景色也沒錯，椅子就是這樣的。對，這真的就是，我夢中那個階梯型教室呀！（掉淚）

然後，就像是老天爺不放心又要跟我確保似的，場地的價格，竟然奇蹟般也是現在的我們可以負擔得起的。接下來，只要下星期確保檔期可以就OK了。所以很快地，我們應該在不久的未來，可以在這裡辦活動或開課了。

跟管理員阿伯說謝謝之後，我們站在會館外頭，天氣熱死了，我就站在那裡，一個人忍不住崩潰大哭起來，一直哭一直哭一直哭，哭得整臉都是汗、鼻涕和眼淚。我說，你知道這是我夢中的教室嗎？就是它呀，Alex 老師知道了雖然驚訝，也就靜靜站在旁邊笑著，靜靜看我哭得如此狼狽。

為什麼哭呀？應該開心呀？是呀，走到這一步，其實這個教室一直等著我，不是嗎？像是再度與老天爺確認似的，是的，我是被看顧著，被守護著，不管發生什麼事，我其實從沒有那麼大的野心要班班額滿，我只是很單純地，想要推廣人類圖，我只是想要有更多人，有機會可以用一個全新的方式，來認識自己，認識別人，認識這個世界。

不會沒有用的，我跟自己說。不會沒有用的，就算看起來徒勞無功，就算得繼續努力下去，我只是做我認為該做的事情，會有很多力量，很多人來幫我的。沒有誰是不夠好的，也不會做了一大堆根本沒有用，這就是過程，就繼續一步一步走下去，不走，誰知道最後會怎麼樣呢？

一步一步向外擴展，向外舒展，以你渴望的方式。

然後啊，宇宙必會溫柔地回應你，每一步，每一個階段，準備好自己，路標將顯現，這是一條奇妙的道路，而我們走在路上，每一天。

第十四章

飛越千萬里，合而爲一

若此生能夠臣服於一個更高的信念與原則，遠遠高於自身生命的價值，那是幸運的。

西班牙，Ibiza。

飯店房間的落地窗前，窗簾「嘩——」一聲打開，這個位於西班牙的小島，除了擁有地中海耀眼的蔚藍，還有一種獨特的天光，淨白而透亮。漫天的海鳥盡情飛翔叫喚，諸多帆船靜靜搖晃，停駐在這平靜的海灣，共海天一色，波光齊盪漾。

「祖師爺，我來了。」我在心底默默呼喊著。

西班牙的Ibiza小島，是人類圖體系（Human Design System）的創始人Ra Uru Hu生前居住的地方，這裡也是人類圖的起源地。在祖師爺去世之後，二〇一二年四月是人類圖創立的二十五週年，大家決定在Ibiza舉辦一場人類圖年會，全世界各國的分析師與老師將齊聚一堂，這也是第一次，祖師爺Ra將缺席的人類圖年會。

我們夫妻倆人從亞洲往歐洲飛奔，從台北飛往西班牙，到馬德里待一晚，然後不知道是因為時差還是心情太過亢奮，幾近一夜不能成眠。飛越千萬里，等待最後一段飛行搭乘小飛機前往Ibiza，當我靜靜坐在馬德里國內機場的候機室，喝著濃烈的咖啡，沿路都是燦爛的暖陽，心情很複雜。

這機場，這候機室，這條通關的走道，祖師爺應該來來回回往返無數次。或許就在這一整排的某個座位上，他曾經坐在那裡，稍事休息的同時，也等待著下一次飛行。過去二十五年，為了推廣人類圖，祖師爺自Ibiza飛往歐美各國，德國、奧地利、義大利、希臘、英國、法國、美國、加拿大，他不只一次提過自己其實很討厭飛行，卻明白這是使命，於是不斷不斷為推廣人類圖而努力。他曾經說過，二十四年前只有他獨自站在這西班牙的橄欖樹下，而如今人類圖社群遍及全球各國。有時候，你得有耐心，好好等待，做足自己該做的功課，讓渴望翻天覆地席捲成一股更大的力量，就像種子發芽長成大樹，綠蔭滿布，成為它該有的模樣。

❀

當我真實站在這裡，望著各式各樣不同種族不同國籍的人們來來往往，各自有各自的旅程，各自有各自的歸途，看似就在彼此身旁，貼近卻遙遠，各自有其軌道，錯身又是咫尺天涯。西班牙，十年前我來過一次，那是一段年輕歲月中自我放逐的旅程，有趣的是，當時的我完全不知道人類圖，也不知道此生究竟要追尋的意義會是什麼。十年後歸來，西班牙艷麗依舊，是緣分所至，而我也找到心中想望的依歸。

若此生能夠臣服於一個更高的信念與原則，遠遠高於自身生命的價值，那是幸運的。

這是一段非常個人的歷程，看似虛無飄渺，卻在靈魂的層次有著不可動搖的力量，足以巧妙而正確地牽引起人與人的相遇與相合，看似不可能，就此實現而成為可能。

「生命很神奇，去經歷它。即使你以為自己是孤單的，沒關係，還是去經歷它，去探索看看，這會是一段多麼無法被預期的人生……」耳邊再度響起當時祖師爺對我說過的話。思緒翻飛，百轉千迴，當小飛機降落，站在這個小小的島上，真是好緣意盎然的一個島呀。「嘿，祖師爺，我來了我來了我來了我來了。」我在心裡大聲呼喊著，而我想，你一定聽得到。這裡是起點也是終點，生命的長度或許有限，但我寧願相信靈魂永遠存在，謝謝你，帶來人類圖，改變了這麼多人的生命。

對我而言，從認識人類圖的那一天開始，每一步，不管當時的我是否願意相信，快樂與狂喜，遲疑與悲傷，全部都是祖師爺的教導與存在。透過聲音或文字，還有一個事件接著一個事件，生命宛如河流，我時而抗拒，時而臣服，載浮載沉，順流而行。若這世界上真有更高的神存在，那麼祂們必定一邊搖頭一邊微笑著，這一路走來苦心引導著天生反骨，執意妄為的我。一直到現在，當我終於走到這裡，站在這片地中海的天光下，並沒有意外。

❀

這是人類圖第二十五週年的年會，地點在海邊一座純白色的渡假飯店，拖著行李，沿著Ibiza的美麗海邊快步走著，內心雀躍又感傷。雀躍的是，這可是全球人類圖的年度盛會，即將見到來自全球的人類圖老師們，讓人覺得好興奮。感傷的是，就算景物依舊，對我們全部的人而言，那位最重要的老師早已神隱，斯人已逝，不復返。

這飯店規模不算小，整體連接數棟美麗而簡潔的建築，除了寬敞的房間可供居住，還有一整棟專為開會或研討會所設計的空間，足以容納上百人。這一次年會的設計很有趣，從開幕到結尾為期一週，除了第一天揭開序幕，每一天的時段各有不同的課程與專題，由來自全球各國的老師主講，有興趣的人可以自由選修，每晚還有免費的演講與表演，讓大家其樂融融，齊聚一堂相互交流。

開幕前，我終於見到鈴達老師本人，她很輕易認出我來，因為在場黑頭髮的亞洲人屈指可數。笑臉盈盈，她走到我的面前來，「Joyce，是你吧，我知道我不會認錯的。」她給我一個大大的擁抱，這擁抱如此溫暖而真實，那一刻，讓我忍不住大哭失聲起來，老師也開始眼眶紅，她拍拍我，「哎呀，我的眼淚也要滴下來了，我們終於見面了。」

「鈴達，謝謝你。」在她面前，我還自哭泣著。

這麼多年，所有往事湧上心頭，那些暗無天日，念書研究得沒完沒了的日子，在人類圖的知識汪洋裡，她是主要教導我的老師，我們上課的時段總會在亞洲時間的午夜。她教，我學，一路陪伴，我習慣電腦接通遙遠世界的另一端，傳來她說話的聲音，從未相見，卻感覺在靈魂的層次已經熟識許久，這感覺不只飛越全世界整片的海洋，還有某種穿越時空的幻覺。是的，我們終於見面了，面對面，真真實實碰觸到彼此的存在，不需要講話，卻像已經訴盡心意，是無法言喻的激動，充滿感謝。

❀

第二十五週年，人類圖國際年會，開幕典禮即將開始。

在這不算小的會議空間裡，一排又一排，坐滿了來自世界各國的人類圖狂熱愛好者。我們坐下之後，前方講台上一字排開，坐著各國人類圖官方分部負責人，以及國際人類圖學院的諸多資深老師們。老師們的氣場與架勢驚人，我真有恍如置身現實版霍格華茲學院的感受。一陣熱烈鼓掌後，瑞迪老師怡然自得站了起來，我內心默默驚歎他真是好高啊，身高大約有兩百公分的他，我之前只在Youtube看過他在線上的演講，這位我心儀以久的人類圖大師，我曾經私函給他數次，表示想與他學習，他總是玩笑帶過說未來會有機會的。這位風趣的老先生是祖師爺的學生，也是他長年來最好的朋友，今天我終於見到本尊了，像是小粉絲見到偶像，內心真是太開心了。這一回，就由他來為眾人開場。（以下的內文為瑞迪老師演講的簡短摘錄）

「我是Randy Jr. Richmond，我是一個人類圖分析師。歡迎你們每一個人，來到人類圖第二十五週年年會。事實上非常非常令人難過的是，這是第一年Ra沒來，至少在形體上不在，雖說精神上我總覺得他並沒有離開，我幾乎可以聽見他在我耳邊嘮叨碎念，一如以往。我還記得當初大家一起籌劃這場年會的時候，他還耳提面命告訴我，你到時候要來。我說，好啦，我會去，結果你看看，現在沒來的人是誰呀。」這位老先生實在太愛耍寶了，三言兩語就逗得大家哄堂大笑。

「Ra如果知道現在由我來開場，是我站在大家前面講話，他一定會覺得太好笑了，因爲以前每次我講課的時候，他總是會遞小紙條上來，要我閉嘴聽聽大家的問題，不要一個人講個沒完。但是現在呀，他就拿我沒辦法了吧。哈哈哈。他還好沒來啦，因爲他對這種年會之類的聚會有著又愛又恨的情結，他總是假裝自己不喜歡人，他又不是那種天性溫暖親切的人，如果他在，他一定覺得整群人聚在一起眞是煩死煩死了，但是其實，整個人類圖社群在他心中，就像是一個大家族一樣。」他又再度逗得大家笑聲連連。

「他說他不喜歡人，但是過去這二十五年來，他一直在工作工作工作工作，不斷地工作。他並不是一個生產者，像我自己是個投射者，如果是有人把這門知識給了我，我想我會看著這如山堆積的學問想著，自己知道就好了，要整理出來還要推廣給這世界上其他人知道，這是多麼麻煩又龐大的工作量啊。但是我想，這就是他的使命，要把這門知識傳遞出來，讓更多人因此而了解自己，懂得自己，愛自己，尊重自己的獨特性。」

「常常有人問我，人類圖到底是什麼？是像占星一樣的東西嗎？我通常都會大聲回答，沒錯，就像是占星一樣，但是差別是，一個是高爾夫球場的小車，另一個則是一輛新科技馬力十足的跑車，都一樣會跑，但是功能截然不同。還有其中最根本的差別是，占星學從古至今，其中累積了許多人的研究與智慧，而人類圖，源頭只來自一個人—Ra。我常常在想，這個男人的工作量也未免太大了，每一個人生角色，每一個輪迴交叉，每一種精密而仔細的區分，都由他，在腦中規畫出來，然後整理成架構，讓我們得以知曉冥冥中有其道理，來自更高的力量，窺見這宛如神所創立的秩序。」

「我向他學習人類圖，我一路看著這個人，他授課的時候流暢無比，像是知識透過他，自然而然地流瀉出來，然後他休息，休息夠了，再繼續。我記得有回我陪著他一起去開課，明明課程是隔天早上十點鐘，他告訴我，明天我們早上八點就要出發。我驚訝看著他，我說那麼早去幹嘛？他回答，因爲人們會早到，因爲他們有問題要問。」瑞迪老師邊說邊微笑，眼神似乎看著遠方，宛如祖師爺的神情與語調就在眼前。

「人們總有問題要問，而我們都知道，他會有答案。」

「我還記得我第一次知道人類圖，是因爲瑪麗安（MaryAnn Winiger）說要替我解讀人類圖，對於我這個怕麻煩又愛挑毛病的人，我只希望她少來煩我，但是她還是充滿熱忱拿著那張人類圖，專程跑到我家裡，當時的她根本還是剛入門的菜鳥，也還不是人類圖分析師，有太多她當時也根本搞不懂的地方，所以從頭到尾我不斷問她，那這個呢？那個呢？這又是什麼意思呢？我可以找出當時她解讀的錄音檔給大家聽，從頭到尾就是她大聲驚呼，我不知道，我不知道，我還不知道耶。」

「這可讓我好奇了，我更想知道了，所以我打電話找到Ra，當然很貴，我記得是在一九九八年那一年，我花了三百五十塊美金，讓Ra解讀了我的人類圖，我也跑去上課，我以爲，只要稍作研究，就可以找到其中的瑕疵與問題點，然後我就可以說，啊哈～這不準啦，但是也就從那時候開始，我不斷研究人類圖至今，就算我常常跟Ra插科打諢開玩笑，我不知道他到底有沒有放心上。但是，每一次，只要有機會，我總會認眞告訴他，謝謝你，Ra，謝謝你帶來了人類圖，這個讓我一輩子都可以反覆思考反覆研究的東西，而這就是一段過程，一段持續進化的過程。這一個人盡畢生之力，花了整整二十五年的時間，建立了整個人類圖體系，把這門奇妙的知識有系統有架構地傳遞給我們，傳遞到這個世界上來。這是Ra非常不得了的成就，就他一個人，他其實做了一件非常非常偉大的事。」

「最近，大家常常擔心外頭有些人自行打著人類圖的旗幟，宣稱自己可以解讀或授課，卻沒有具備人類圖體系認證出來的相關資格。我認爲，這些煩惱是不必要的，因爲至少他們會談論人類圖，他們會秀出某些人類圖的圖表，他們會有機會碰觸到更多的人，然後，會有更多的人就像當年的我一樣，拿著這張圖不斷問他們，那這個呢？那個呢？還有這些又是什麼意思呢？相信我，眞正想獲得正確知識的人，一定會循著某些路徑，找到專業的人類圖分析師，找到眞正的人類圖體系，那就是你跟我，是我們。」

「我要對Ra，還有過去這二十五年的人類圖體系致上敬意，這次年會原本並不是要來紀念Ra，現在只好獻給他，因爲他人已經不在了。」就在此時，不知是誰的手機聲大響，有人大笑高喊，Ra打電話來了！幽默的瑞迪老師聽了大笑，他揮揮手：「跟他說不要打來啦，我已經講完我要講的了，還有跟他說，我也把他留下的菸都抽完了。哈哈哈。」

這段談話，看似輕鬆，卻蘊藏了對生命的豁達，除了生死，他還提及了全球的人類圖社群，正面對某些野心人士所造成，不可避免的紛亂與爭奪。

在祖師爺去世的前幾年，外頭開始有某些祖師爺早期的弟子，打著人類圖的旗幟，沒有經過官方正式授權，自行出書（內容可議），自行授課（架構與內容可疑），沒有經過正統體系的訓練，即自行傳播一些似是而非，所謂人類圖的知識，這樣的舉動，其實對全球的人類圖社群，帶來震撼，也造成傷害。

祖師爺在世的時候，面對這些剽竊者雖然勃然大怒，最後他選擇專注地，將氣力放在推廣與經營正統的人類圖體系，而沒有將精神浪費在訴訟這些人身上，更未隨之起舞。他認為來日方長，事實不言自明。只是誰也沒想到，他老人家會一夕之間突然去世，瞬間全球的人類圖社群，在精神上像是失去原本仰望的精神領袖，感覺到失落又悲傷。瑞迪老師進一步想提醒大家，不要忘記自己的專業訓練，回頭再看，祖師爺在有生之年，早已將整體培養人類圖專業分析師與講師的制度完成，留下的資深老師群，也足以將他生前所努力的人類圖體系，正確而完整地傳承下去。

我坐在那間大大的教室裡，環繞在四周的老師與同學，雖說是第一次真正面對面，其實好多都是多年來，散居在世界各國常常在線上一起上課的同學。相認時，彼此忍不住開心尖叫，即使身在非常遙遠的地方，早已在精神上相識，真是好妙的感覺呀。相聚的感覺真的很溫暖，同時我們也了解：接下來，祖師爺的工作已經做完，是我們，要把薪火傳承下去了。

接下來的那一週，美好而難忘。

每一天起床，醒在西班牙的晨曦下，一整天都興致高昂，與專攻人類圖不同領域的老師們學習，晚上有不同的研究主題發表，最後總會筋疲力竭又心滿意足地，在漫天的星空下安然入眠。

來自德國的彼得老師，帶領大家在流年與流日的領域裡徜徉，如何深入解讀每一天星星為我們所帶來的影響。尤其當生命進展至前後兩難的困局時，如何學習以更超然的角度去解讀來自星星的訊息，才能從中獲得了悟與力量。

而奧地利來的安達亞老師是基因學的博士，她是一名認真研究的科學家，她負責帶領我們深入人類圖原本爻的領域之下，更進一步細分至顏色、基底與調性的層次，是如何與基因學的角度相對應。她完整地示範了，若深入研究人類圖至這樣的範疇，就能清楚區分出每個人各自適合的飲食與運動模式，每個人所帶來的影響，我們如何接收資訊的角度與模式，以及環境因素為每個人所帶來的影響。

義大利的妮尚老師是一位反映者，留著一頭俏麗金髮的她，宛如月光一般清澈，她教授的是一堂情緒動力的課程，如何細膩去感受情緒波動，進而區分什麼是來自別人，什麼又是源於自己內在的情緒波動，如何與情緒共存而不抹煞它，這過程有許多動人的分享。

法國的蘇希老師是人類圖職場領域的權威，她講授的是與企業動力相關的人類圖課程，職場不只是個修煉場，更在能量場上帶來強而有力的制約，這部分的人類圖研究說明了，當一個人進入職場，如何知己知彼，懂得在不同的工作場域中，充分發揮自己的才華。

英國的李察老師主要研究的是與教養有關的課題，他仔細區分了如何透過人類圖，以最適宜的方式，來對待不同類型的孩子，沒有高調，只有各種各樣非常務實的作法，若能從小提供最適合孩子生長的教養環境，不但父母在教養上可以更省力，還能讓下一代活得更健康也更快樂。

奧地利的馬丁老師，則針對不同的人類圖設計，簡短解釋不同的通道與閘門，其所對應的器官，是如何影響每個人的健康狀態，同時他也解釋了身心靈是如何息息相關，而疾病其實是身體最好的朋友，你的疾病可以告訴你，如何調整自己的生活態度，生病不是結束，而是重新真正生活的開始。

美國的吉諾瓦老師，告訴我們如何深知自己的人類圖設計，如何激勵自己，維持內在的動力，才能置身在混亂的外在世界裡，不忘回歸自己的中心點。

西班牙的歐克老師，帶領我們看見不同的輪迴交叉如何相互鋪陳，宛如神變化不同的面貌，其中隱含著宇宙神聖的秩序。

❀

授課的每位老師，長年隨著祖師爺不斷研究人類圖，每一位在人類圖的世界裡，至少皆具備二十年左右的資歷，就像安達亞老師在上課時提到，會在人類圖的領域裡研究不休的人，幾乎人人的人類圖設計中，皆具備了28-38這條通道：看似困頓掙扎，其實內心能為有意義的事物而奮戰，真正會有不虛此生的感覺。在每位老師身上，我體驗到真心喜愛自己所做的事情，還有勤勉研究的精神。他們可以針對某個特定的主題，不斷深入研討，授課的時候鏗鏘有聲，可以感受到他們充滿使命感，為一個更高的理想堅持著。

除了在知識上大獲啟發，還有幾件讓我印象非常深刻的事情。有一晚，來自英國的老丹先生講述關於投射者的主題，來自世界各國總部的負責人都坐在台上，與大家對談與交流。大家聊著聊著，老丹先生突然有感而發，對我們說：

「今年我們大家可以這樣聚在一起，真是太好了。尤其今年看到Joyce與Alex的加入，感覺長久以來缺了亞洲的那一截，講中文的那一塊可以接起來了，而人類圖就此成為一個完整的圓。」

我微笑看著他，看著大家，這是一個全球相互支持與滋養的社群，內心有種莫名走了這麼這麼遠，穿越時間與空間的距離，終於回到家的感動。

在這趟旅程即將結束的前一天，我與鈴達老師告別。

❀

「謝謝你，鈴達，這一週實在太棒太棒了。我尤其要謝謝你，如果不是在過往這幾年，透過你的帶領與訓練，建立我對人類圖的基礎與了解，我這一週不可能會有這麼多體會，這麼多的收穫。」

聽我說完，她微笑了，緊緊握住我的手。她說：「這幾天，我常常默默望著你每天充滿精神，快樂地走進不同的教室。我忍不住想著，走到現在你已經完全準備好了，可以學習更多進階的人類圖知識了，我真的非常以你為榮，孩子，做得好。」

「身為你的老師，我忍不住想問你，你有沒有想過自己可以承接更大的任務，比如說，接下人類圖中文分部的任務呢？」

「啊？」對於這不預期出現的問題，我的薦骨不由自主發出驚訝的聲音。

「你沒想到我會這樣問你吧？」她總是這麼敏感而善體人意，「這次與你見面之後，我更確定原本的感受，你是最適合的人選。如果是你，就是你，我想祖師爺一定會很開心。」她笑了。

「回到你的內在權威與策略，你會知道該怎麼做的。」

我點點頭，難掩內心激動，緊緊擁抱了她，就此告別。

＊

故事講到這裡，應該可以像電影看到最後，銀幕就此打上劇終兩字，就此說完了，劃下了句點，只是呀，人生這段旅程，那裡有什麼真正的句點呢。

西班牙之行，像是我人生中某段章節的句點，小巧地，我在內心畫了一個圓圈，不一定是實質上做些什麼或講些什麼，而像是在內心裡，一個私有而簡單的儀式。那些過往對自我的質疑，無謂四處蔓生的執拗，以及自己諸多為難的抗拒與掙扎，似乎莫名地，和解了，也平息了。這代表的是，我投降了，或者說，我臣服了，我明白也接受了。

這是我與祖師爺的緣分，也是我與人類圖的緣分。

從西班牙回來之後不久，我們正式成為人類圖官方組織的一員。「亞洲人類圖學院」正式升格成為人類圖在中文地區的正式分部。從此之後，在台灣、香港、中國地區推廣人類圖，同時將整門知識中文化，就成為我們最重要的職責與任務。

多年前，宇宙溫柔回應了我的渴望，有一扇門因此為我打開了，懵懵懂懂的我上了路，好奇也好強地，繼續向前走，然後沒料到，這一路上神奇的風景，遠遠超乎我所想像。既然如此，何不一如以往，帶著平和與喜悅，回應我所回應的，以我的步調，我的節奏，接下傳承的一棒，繼續走下一里路呢？

回到我的內在權威與策略，我總會知道該怎麼做的。

第十五章

婆娑世界的奇幻旅程

生命並不是一道習題，人類圖無法提供你解答，事實上也無人可以，唯有你真實回到每一刻，回到自己的內在權威與策略去做決定，好好體會這段過程中的點滴，真實去生活。不管順境逆境，都完整而圓滿地去體會自己，體驗這趟生命的旅程，並謙卑地從中學習。

半夜，按下鬧鐘，起床，開始與國外連線上課。

這是學習人類圖至今到第九年＊的我，每週至少還是會有兩個夜晚要做的事。「你不是早就念完分析師的課程了嗎？」我的朋友知道了總是很驚訝。「為什麼還要這樣半夜拚時差繼續上什麼課啊？」

「繼續上人類圖的課啊。」我總是笑著回答，就算成為分析師，成為官方分部，持續與國際人類圖學校（IHDS）連線上課，還是必要的。原因有幾個，除了我希望把七階段課程的講師認證全部拿齊全（目前正進行到第四階段），有朝一日讓已經成為官方中文分部的「亞洲人類圖學院」將所有課程中文化，培養出更多人類圖分析師與講師。另一個理由則是祖師爺所留下的人類圖知識實在太浩瀚，原本以為念完分析師即功成圓滿，卻沒想到，這只是打好基礎而已，後頭還有好多更有趣的課程，讓人忍不住一直研究下去，沒完沒了樂而忘返。

而這也是祖師爺生前希望我們身為分析師做的事，他非常鼓勵大家持續回來學習，鼓勵更多分析師、老師與學生們，都能夠針對自己喜愛的領域，投入時間與精神做更多延伸性的研究。所以當我成為分析師之後，我陸續還選修了關於輪迴交叉的研究課程、教養孩子的應用課程、情緒與憂鬱的工作坊……等等。

而最近，我正投入研究的是為期兩年，人類圖「區分的科學」學位（Differentiation Degree Program）這包含了人類圖心理學以及健康體系的相關研究，教這門課的老師是奧地利的安達亞博士，在進入人類圖的世界之前，她是一位專門研究基因的科學家。我非常喜歡她的授課方式，仔細務實又嚴謹。她長年跟隨祖師爺學習，將老人家留下的課程資料，整合成兩年的學位。簡單來說，這是以人類圖的角度，更深入探索人類的心理狀態以及行為呈現，同時對於適合每個人的進食、適合生活的場域，看待世界的觀點與運動方式，也有更翔實的研究、解釋與建議。希望學業完成之後，可以替大家提供更完整的人類圖解讀項目，讓更多人可以為此而獲益。

人類圖這門知識像是有一種難以言喻的魅力，我並不是唯一的人類圖重度上癮者。有很多人像我一樣，一旦開始接觸這門奇妙的學問，總是忍不住想知道更多。在人類圖分析師的社群中，許多人類圖分析師在拿到認證資格之後，紛紛會開始選擇自己喜愛的延伸領域，做更深入的學習與研究。像是我的另一半 Alex 老師，他於職場的工作經驗完整而豐富，接觸到人類圖之後，對於祖師爺針對工作職場所設計的BG5（Base Group of Five）體系更產生濃厚的興趣，BG5是人類圖體系中，得以實際運用至工作場域的學問。針對每個人的人類圖設計，對每個人的職涯發展提出務實而中肯的建議，同時人也是最大的風水，這套學問也可以針對團隊成員的組合，協助大家找到最適合的工作模式。他後來除了分析師的認證，也拿到了BG5職場研究的分析師資格。

學海無涯，這一路上走來，我總是會接到許多關於人類圖，各式各樣的詢問。其中我最常被問到的問題就是：我該怎麼運用人類圖呢？我要怎麼活出自己呢？我要如何善用我的通道？我該如何使用我所擁有的天賦才華呢？

其實答案很簡單，也從頭到尾都一樣：

「請回到你的內在權威與策略。」

追求人類圖的知識非常有趣，當然我們也需要這些知識，像是終於有人告訴我們人事物運作的緣由，解開了我們在腦袋部分的想不通的死結。人類圖是一張圖，讓我們按圖索驥去理解，理解之後，地圖非疆域，重點是回到自己的內在權威與策略，做出正確的決定。

每一個人經由不同的途徑看見真正的自己，從知道自己的人類圖設計開始，你已經踏上這一條自我接納的道路。腦袋理性的分析是無用的，唯一的方法就是去體驗這一切，體驗回到自己的內在權威與策略，那會是什麼樣的人生。以下就讓我說明這段蛻變過程中的每一個階段，以及簡短回顧發生在我生命中美好的事。

❀

這一段七年去制約的旅程，就從你首次接觸人類圖時正式開始，若開始清晰觀照自己，事情就會開始轉變，而如果將這段過程分成七個階段，通常第一階段是「點亮你心中的火花」。意思就是，你開始明白，原來那些混亂的非自己並不屬於你，你可以活出不同以往的生命，充滿全新的希望。

（當我第一次知道人類圖，明瞭自己的設計，感覺前方迅速打開了一扇全新的大門，感覺自己的生命即將徹底改變，充滿好奇心與熱情，想繼續探索下去。）

在第一階段的曙光乍現之後，進入第二階段：「挖掘潛能」。你開始實驗，也開始探索什麼是回到內在權威與策略。由於與過往習慣的模式截然不同，開始逐漸失去耐性，只想找到快速解決之道，這是從黑暗中走向發現自我的必經過程。如果留心區分自己內在的混亂，就能聽見自己腦袋所編織出來的一大堆藉口，同時也會有某些特定的事實開始浮現，透露出你真正的本性與潛能。

（懷雙胞胎、當家庭主婦、與國外連線繼續分析師學業，同時還繼續寫著專欄，以爲只要繼續蠻幹，繼續依照舊有的模式，就能順利完成任務，卻不斷落入懷疑自己的窠臼，在其中苦撐、糾結與掙扎。）

第三階段：「自我整合」。開始體會並認知到，每個人看待生命的角度與觀點真的很不同，繼續依循你的內在權威與策略，也繼續過生活。察覺力愈來愈提升，明白誰才是真正適合你的朋友，也愈來愈懂得如何尊重自己內在的聲音。

（開始運用人類圖的知識與體會，以不同的觀點看待自己與周圍的人，一點一滴接納與和解，與婆婆的關係開始轉變。）

第四階段是屬於「平衡」。走到這裡，你所累積的經驗已經可以證明，運用自己的人生策略與內在權威，人生的體驗真的變得很不一樣，比如說：顯示者會發現，看似簡單的告知，真的會改變與周圍人的關係。生產者不再胡亂發起，開始認同並尊重薦骨回應的機制。而投射者可以分辨正確的邀請，的確讓原本的苦澀度大幅降低。反映者則是體驗到經過一個月的沉澱才做決定，是自然而清明的過程。由於愈來愈清楚非自己的把戲，可以釋放自己真正的能量。

（順利拿到人類圖分析師認證，開始接受個案解讀，在育兒與職場之間學習平衡，感覺生命轉了一個彎，從此步上全然不同的風景。）

這時候要恭喜你開始與生命共舞，迎向第五階段「成長」。走上屬於你真正的人生道路。非自己對你的影響與操控將愈來愈少，與其執著於虛偽不真實的角色，還不如活出真正的自己。這個階段你遇到的阻力會變得愈來愈少，無形中益發感覺到平和、滿足、成功與驚喜。

（人類圖課程開始開班，夢見夢中的教室，開始寫今日氣象報告，做自己眞心喜愛的事情。）

第六階段是屬於「回歸中心」。過往這些陳舊制約的桎梏，已經逐漸脫落，每一次脫胎換骨的體悟，都會將你送往更接近自己的軌道，你所付出的心力相對來說愈來愈少，你已經能將內在權威與策略整合得非常好，屬於你生命本質的美好，也愈來愈閃耀。

（開始出現演講與寫書的邀約，研發更多人類圖相關課程與工作坊認識更多不同領域的朋友，有機會對更多人介紹人類圖。）

第七階段：「實現」。走到這裡，就算非自己的混亂仍不時會冒出來喋喋不休，但是你已經能夠不被影響。引導你走向人生目的的各式路標，開始不停出現在你的人生軌道旁，讓你終於明白這就是自己的天命，是你的人生使命。改變發生於內在，你的生命力已經可以完全在人生中展現，外在的障礙與控制開始自動移除，你將吸引四面八方更多良善的力量，協助你，支持你，發光發亮。

（到西班牙與老師們見面，理解自己此生的使命，成立人類圖中文官方分部——亞洲人類圖學院，全力投入人類圖中文化的過程。）

究竟，回到內在權威與策略的我，會活出一個什麼樣的人生呢？

我無法為你回答這個問題，生命並不是一道習題，人類圖無法提供你解答，事實上也無人可以。唯有你真實回到每一刻，回到自己的內在權威與策略去做決定，好好體會這段過程中的點滴，真實去生活。不管順境逆境，都完整而圓滿地去體會自己，體驗這趟生命的旅程，並謙卑地從中學習。

在腦袋的層面知道，與在生活中身體力行，真正實踐出來，需要許許多多的練習。如果對自己誠實，我們所問的許多問題，其實並不是不知道自己該怎麼辦，但是面對來自外在環境的制約與期待，並不是每一個人都有勇氣與決心，堅持自己最單純的心意，做自己真正想做的事情。

知道，然後呢？你願意接納完整的自己，你準備好要活出自己的精采了嗎？

請回到你的內在權威與策略，體驗這一趟在這婆娑世界的奇幻旅程。每一天，對我們來說都是很棒的練習，練習祖師爺最愛說的：

沒有選擇，愛你自己。

＊（編按：本章撰寫的年份爲二〇一四年）

後記

這本書很難寫，除了想傳遞人類圖知識，也是過去近九年來我的回顧。有許多發生在生命中的事，原本以為模糊的記憶，透過書寫，出乎意料地從我的指尖答答答流瀉出來，寫書的過程不是很順，停停走走，順利的時候行筆疾快無停緩，卡住的時候腦袋一片空白，就算急躁煩悶，也絲毫無法勉強自己。

由於寫的都是真人實事，同時，這本書的內容也實在太個人了，像是我在心裡說話，說給你聽，也說給自己聽，常常寫著寫著，就會一個人坐在電腦前，忍不住哭了起來。

那眼淚並非全然都是悲傷，而是百感交集融合著傷感、感謝、釋懷、希望、感動……想起當初自以為孤獨，想起曾經走過的灰暗，還有這一路上如此幸運，總能有家人還有許許多多好朋友相伴，義氣相挺，以各種方式鼓勵我，支持我，愛著我，真的很感謝。

書寫到最後階段，我們全家做了一趟長程旅行，我們帶孩子回到紐西蘭的爸媽家，也去南島走走，讓孩子有機會在高原冰山湖旁奔跑，體驗一下無敵美麗的南半球風景。

十八歲那一年，第一次來紐西蘭，舊地重遊，景物多半依舊。

這一次，帶孩子們來到南島的特卡波湖（Lake Tekapo），我一直很喜歡這個湖，因為它超級蔚藍，湖水來自雪山上頭的冰雪，融化之後彙集成湖，湖水內涵豐富礦物質，顏色是夢幻得像混入牛奶般的土耳其藍，在湖邊的「好牧羊人教堂」（Church of the Good Shepherd）是一座極小巧的石造小教堂，整座教堂就算坐滿也僅能容納八十人，與一般教堂的不同之處在於教堂裡頭沒有任何雕像，正中央的祭壇上，只見一個簡簡單單十字架，背後是一整片乾淨又樸素的玻璃窗，可以看見一整片天然的湖光山色。然後，走進小教堂裡，望著整片美景，可以靜靜坐下來，與內心的神說說話。

這是我第三次再度踏進好牧人教堂。第一次在十八歲那一年，與外婆還有媽媽跟著旅行團第一次到紐西蘭來玩。第二次是二十七歲的時候，那一年我已經回台灣定居，在某家外商公司上班，當時帶一群同事一起來紐西蘭玩。這次是第三次，這一次，我帶著全家大小一起前來。

這座石頭的小教堂好美，土耳其色的湖水也是，面對不可思議的美景，我清晰記得上次來的時候，在教堂裡靜靜坐了很久。當時的我年輕又糾結，我不是很喜歡自己，對工作也感到迷惘，不知道人生是否真的有意義，什麼才值得自己去追尋？

我好喜歡這裡，於是，在內心默默許下一個心願：有一天，我一定會再回來，希望下次當我回來的時候，我已經覺得自己很好，至少為自己成就了些什麼而感到驕傲，但願我可以找到內心的解答，過著一個有意義的人生。

一晃眼，十四年＊過去了。

沒有任何刻意的安排，也或許是宇宙替我做了最好的安排，無巧不巧，就在四十一歲生日那一天，我又再度踏進好牧人教堂，來到這座一直停留在我心上，最簡潔也最接近神的地方。孩子們在外頭正盡情奔跑喧嘩，玩得開心，而我，靜靜坐在教堂裡的原木長椅上，滿眼淚光，內心有說出不出口的激動，謝謝宇宙至高無上力量的安排，上回於此許下的心願，內心已然獲得平和，也有了解答。

在特卡波湖的好牧羊人教堂外頭，還有通往南島庫克山的沿路上，每年每當季節到了，會開滿一整片一整片魯冰花，香氣撲鼻，粉紫粉紅拓開來，盛放熱鬧像一場花神的慶典。這數也數不盡的魯冰花，點綴在湖邊在路旁，漂亮極了，帶著一種不可思議的魔力，讓人恍如置身天堂，這成群結隊綻放的魯冰花，據說來自一個奇妙的故事。

傳說中，有一位紐西蘭的老婆婆，希望自己可以做一件令世界變得更美麗的事，她想了許久，突然有了個好點子，她買了一包又一包的魯冰花種子，一邊散步，一邊灑在行經的土地上，然後啊，第二年，到處都開滿了美麗的魯冰花。這個故事後來改編成《花婆婆》這本童書，啟發了更多孩子，也感動了許多大人們。

「如何因為我，讓這個世界變得更好，更美麗呢？」

一路上，遍地的魯冰花似乎對我笑著，迎著風搖曳著，芳香四溢。我想著，但願接下來的生命旅程，我可以一直一直當一個撒種子的人，就像傳說中這位紐西蘭的老婆婆一樣。

但願我可以貢獻一己之力，傳遞人類圖的訊息，就像帶著一顆顆全新的種子，乘著祝福的翅膀，落在你心上。

若是因緣具足，當季節的風吹起，種子將發芽，茁壯，然後開花，如果每一個人都能愛自己，活出自己，相互學習，相互尊重，自然而然地，我們將擁有一個更美麗的世界，有一天，遍地開花，美麗又芬芳。

我很期待，也相信那一天一定會到來。

*（編按：本文撰寫的年份爲二〇一四年）

國家圖書館出版品預行編目資料

回到你的內在權威——與全球第一位中文人類圖分析師踏上去制約之旅
Joyce Huang（喬宜思）／著
---. 二版 .— 臺北市；
本事出版　：大雁文化發行，2019 年 10 月
面；　公分 .－
ISBN 978-957-9121-40-8 (平裝)
1. 占星術　2. 自我實現
292.22　　107011252

回到你的內在權威

——與全球第一位中文人類圖分析師踏上去制約之旅

作　者／ Joyce Huang（喬宜思）　　責任編輯／王曉瑩

發 行 人 ／蘇拾平
總 編 輯 ／蘇拾平
編 輯 部 ／王曉瑩

行 銷 部 ／陳詩婷、曾曉玲、曾志傑、蔡佳妘
業 務 部 ／王綬晨、邱紹溢
出 版 社 ／本事出版
台北市松山區復興北路 333 號 11 樓之 4
電話：(02) 2718-2001　傳眞：(02) 2718-1258
E-mail：andbooks@andbooks.com.tw
發　　行／大雁文化事業股份有限公司
地址：台北市松山區復興北路 333 號 11 樓之 4
電話：(02)2718-2001
傳眞：(02)2718-1258

封面設計／徐小碧工作室
印　　刷／上晴彩色印刷製版有限公司
● 2014 年 06 月初版
● 2021 年 6 月 23 日二版 3 刷
定價 380 元